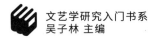

文艺学研究入门书系
吴子林 主编

教育部文学批评课程虚拟教研室成果
华中师范大学中央高校基本科研业务费种子基金培育项目"数字媒介时代
文艺批评的转型研究青年学术创新团队"（CCNU23ZZ003）成果

MEDIA
CULTURE

媒介文化

黎杨全　许苗苗◎著

浙江工商大學 出版社 ｜杭州
ZHEJIANG GONGSHANG UNIVERSITY PRESS

图书在版编目（CIP）数据

媒介文化 / 黎杨全，许苗苗著. -- 杭州 ：浙江工商大学出版社，2025. 5. --（文艺学研究入门书系 / 吴子林主编）. -- ISBN 978-7-5178-6420-2

Ⅰ. G206.2

中国国家版本馆 CIP 数据核字第 20251EG023 号

媒介文化
MEIJIE WENHUA

黎杨全　许苗苗　著

出 品 人	郑英龙
策　　划	任晓燕　陈丽霞
责任编辑	鲁燕青
责任校对	韩新严
封面设计	朱嘉怡
责任印制	屈　皓
出版发行	浙江工商大学出版社
	（杭州市教工路 198 号　邮政编码 310012）
	（E-mail：zjgsupress@163.com）
	（网址：http://www.zjgsupress.com）
	电话：0571-88904980，88831806（传真）
排　　版	杭州浙信文化传播有限公司
印　　刷	杭州高腾印务有限公司
开　　本	880 mm × 1230 mm　1/32
印　　张	8.25
字　　数	151 千
版 印 次	2025 年 5 月第 1 版　2025 年 5 月第 1 次印刷
书　　号	ISBN 978-7-5178-6420-2
定　　价	43.00 元

总　序

主编这套书系的动机十分朴素。

文艺学在文学研究中一直居于领军地位，对于文学研究的各个领域有着重要的方法论意义。然而，真正了解文艺学研究现状及其态势者并不多。出于实用主义的考虑，大多数文学专业的本科生、研究生并未能较为深入地理解和把握"批评的武器"。为了满足广大文学爱好者、研究者的理论需求，我们组织编写了这套"文艺学研究入门书系"。

"文艺学研究入门书系"共 10 本，分别是《马克思主义文学理论》《文学基本理论》《中国古代文论》《西方文论》《比较诗学》《文艺美学》《艺术叙事学》《网络文学》《媒介文化》《文化研究》。这套书系的作者都是学界的中坚力量，他们在各自的领域深耕细作数十年，对其中的基本概念、范畴、命题，以及研究论题、研究路径、发展方向等都了如指掌，并有自己独到的见地。

"文艺学研究入门书系"旨在提供一个开放的思想 / 理论空间，每本书都在各章精心设计了"研讨专题"，还有相关的"拓展研读"，以备文学爱好者、研究者进一步阅读、探究之需，以期激活、提升其批判性的理论思维能力。

"文艺学研究入门书系"重视理论的指导性与实践性，在叙述上力求简明扼要、深入浅出，努力倡导一种学术性的理论对话，在阐释各种理论的过程中，凸显自己的"独得之秘"。

我希望"文艺学研究入门书系"的编写、出版对广大文学爱好者、研究者有所助益。让我们以昂扬奋发的姿态投身于这个沸腾的时代，用自己的双手和才智开创文艺学研究的美好未来。

是为序。

吴子林

2024 年 5 月 22 日于北京不厌居

目 录 //*Contents*

第一章
/Chapter 1/

弹幕文化

所谓弹幕（barrage），主要是指网上看视频时在屏幕上飘过的评论文字。这些评论大量出现时类似于飞行射击游戏中密集的子弹，故称"弹幕"。日本视频分享网站 Niconico 动画在 2006 年推出了此项功能，此后该功能被中国的动画网站 AcFun（A 站）、Bilibili（B 站）先后借鉴，并逐渐大众化，由仅存于 ACG① 圈子的功能转变为视频网站的标配。从 2012 年起，土豆、爱奇艺、腾讯、乐视等网站先后配备弹幕功能，《秦时明月之龙腾万里》等电影也开始引入弹幕。弹幕的大众化还表现在由影视剧向其他文艺形式转移。2014 年，Echo 和 QQ 音乐开始在音乐中引进弹幕。2015 年，当读小说 App 尝试在文学中引入弹幕。相对视频来说，文字性阅读更需要沉浸，刺猬猫（原名"欢乐书客"）与起点中文

---

① ACG 是 Animation（动画）、Comic（漫画）与 Game（游戏）的首字母缩写，是动画、漫画和游戏的总称。

网遂将弹幕改进为间帖与本章说[①]，这是变形版的弹幕[②]。可以看出，不到十年，弹幕已席卷了动漫、影视、音乐、文学、游戏等整个文艺圈。

弹幕由小圈子走向大众化，根本上是社交媒体深入发展的结果。相对于传统互联网，社交媒体是"新新媒介"[③]，前所未有地突出了媒体的社交属性，注重用户的交互、共享、协同与社会化传递，"这代表着不仅是媒体领域，而且是整个社会的深刻转变"[④]。弹幕文化的群体聊天氛围，表现的正是文艺的社交化倾向。日本学者东浩纪也指出了这一点："2006年以来，Mixi、YouTube、Niconico 动画、Twitter、LINE 等不断出现的平台不分用户是否是御宅族，不分文化是否是次文化，将年轻人的文化全部吞噬，文章、画面、角色全都只能作为交流的'NETA'（话题）存在，这是一种新的视听 / 消费环境的产生。"[⑤]

弹幕文化已经内化为"Z 世代"（"95 后"和"00 后"）

---

① 传统的网络评论附于章节之后，间帖与本章说则置于小说每个段落之后。网络小说的段落很短，基本上一句话一段，因此间帖与本章说密集地内嵌于小说文本中。

② 笔者在本书中所有涉及弹幕文化的论述，都内在地包含并适用于间帖或本章说，后文不再单独说明。

③ 参见保罗·莱文森：《新新媒介》，何道宽译，复旦大学出版社 2011 年版。

④ 汤姆·斯丹迪奇：《从莎草纸到互联网：社交媒体 2000 年》，林华译，中信出版社 2015 年版，第 7 页。

⑤ 东浩纪：《迟来的零零年代作家，海猫泽蜜瓜》，红茶泡海苔译，https://www.zhihu.com/question/302061059/answer/531352260，2018 年 11 月 14 日。为便于理解，笔者对译文略有改动。另：本书网络文献原始出处若标有日期的，以该日期为准，若无日期，以笔者查询日期为准。

的心理结构（患上了"不看弹幕就会死的病"[①]）与感知世界的主要渠道（"只要我们始终开着弹幕，就永远不会落后于时代"[②]）。但是，不能把弹幕仅理解为恶搞文化。如今，年轻人不仅用弹幕欣赏 ACGN[③] 作品，也用它来看春晚，看纪录片。在日本，弹幕甚至渗透到了政坛重大辩论的直播中。不能把弹幕文化理解成亚文化，普遍意义上，它呈现的是人类社会正在兴起的普泛化的工具价值与视听方式，表现了社交媒体语境中文艺活动、文艺观念新的变革与可能性。

---

① 苍天龙骑:《入了 B 站后，得了一个不看弹幕就会死的病》，https://tieba.baidu.com/p/3564113551?red_tag=3494986094，2015 年 2 月 2 日。
② 腾讯动漫:《话题: 你怎么看待弹幕文化》，https://xw.qq.com/comic/20180202025389/COM2018020202538900，2018 年 2 月 2 日。
③ ACGN 为英文 Animation（动画）、Comic（漫画）、Game（游戏）、Novel（小说）的合并缩写，是从 ACG 扩展而来的新词，主要流行于华语网络文化圈。

第一节 ●
弹幕与文艺场景的变革 ●

　　弹幕最直观的后果是带来了文艺场景的变革。文艺的生产、传播与消费都会涉及场景问题，不过从狭义来讲，场景主要是指文艺接受的场景。在印刷文化语境中，文艺场景缺少交流与互动，从文学阅读来看，它是"独自一个人完成的最理想的工作"，"看书的人总是一声不响，一动不动，不理睬周围的人，脱离周围世界"①。戏剧的观看是集体性的，存在一定的交流性，观众的在场和反应会影响演员的演出，但随着现代镜框式舞台的确立，人们在观戏时正襟危坐，"可以说，没有谁比剧场里的观众更远离他的同伴了"②。新兴的电影、电视等大众传媒培养的同样是单向的、非人格化的观众："活动的不是观众，而是导演、摄影师和摄影机的镜头。"③在电影、电视拍成后，导演和摄影师已经离去，当电影开映

---

① 　罗贝尔·埃斯卡皮：《文学社会学》，于沛选编，浙江人民出版社1987年版，第91页。
② 　罗贝尔·埃斯卡皮：《文学社会学》，于沛选编，浙江人民出版社1987年版，第91页。
③ 　阿诺德·豪泽尔：《艺术社会学》，居延安译编，学林出版社1987年版，第287页。

时，观众的被动程度甚至高于戏剧观众。这种单向的、缺乏交流的现代艺术体制，维持的是传统艺术象征资本的稀有性与贵族式的欣赏习性（habitus）。与之相比，新媒介对现代生活的重大影响之一就是"交互性"，其使人与人之间的大规模虚拟交往成为可能。现代都市的出现引发了大规模的"人群"现象："人群本身就构成了购物中心的装饰性特征。"① 恩格斯注意到了城市化带来的人群的拥挤，但他敏锐地察觉到了这种人群的虚假聚集及其异化性质，这些人对他人熟视无睹，表现出可怕的隔膜与不近人情的孤僻。② 新媒介提供了数量更为庞大的人群，却改变了人群互不攀谈的分离方式，借助无限量的论坛、社区等虚拟空间，这些未曾谋面的人组成互相交谈的共同体。在弹幕之前，网络跟帖已经突破了传统文艺场景，其一方面摆脱了物理环境限制，带来了可时空分离的"信息场景"——在约书亚·梅罗维茨看来，计算机强化了"对社会地点和物质地点关系的破坏"，面对面的社会场景转向更具有包容性的信息获取模式观念③，另一方面在口头文化之后重新强化了交互式场景，使文艺活动具有强烈的群体交往特征。

---

① 米根·莫里斯：《购物中心何为》，载罗钢、刘象愚主编：《文化研究读本》，中国社会科学出版社 2000 年版，第 309 页。
② 恩格斯：《英国工人阶级状况（根据亲身观察和可靠材料）》，载《马克思恩格斯全集（第二卷）》，人民出版社 1957 年版，第 303—304 页。
③ 约书亚·梅罗维茨：《消失的地域：电子媒介对社会行为的影响》，肖志军译，清华大学出版社 2002 年版，第 319 页。

　　与网络跟帖相比，弹幕营造的场景又有新的变化。弹幕是传统网络跟帖的"2.0 版"：跟帖是置于文艺作品的外部，弹幕则是嵌于作品之中，覆盖了对象；跟帖是作品完结后的思考与分析，弹幕营造的是实时直播的氛围与共鸣；跟帖是一层层盖楼，弹幕则是共时的群体互动。跟帖带有传统文艺场景的残余，附在作品之后，遵循的仍是作品的完结感、整体感。沃尔特·翁认为："口语交流使人实现群体团结；而书写和阅读是孤零零的个人活动，使人的心智同归自身。"① 他举例说，老师对全班讲课时，师生会觉得相互之间是一个关系密切的群体，而当老师让学生默读时，班级这个整体不复存在，每个人都退回到自己的小世界。跟帖显然是在这种集体与个人的场景中切换，用户发帖时会进入集体模式，欣赏作品时则退居于个人隐秘的生命世界。然而，对弹幕来说，文艺消费一直是在群体的交谈互动中进行的："以前动画是一个人孤独地观看的，现在大家则是一边在 Twitter 和 LINE 上'直播'一边看。这是一个巨大的变化。"② 这种数码版的节日狂欢，前所未有地强化了文艺参与者之间的互动与连接。

　　弹幕文化营造的这种群体交互场景不仅是共时的、现场的连接，也是历时的、累积的连接。网络来临后，出现了日

① 沃尔特·翁：《口语文化与书面文化：语词的技术化》，何道宽译，北京大学出版社 2008 年版，第 52 页。
② 东浩纪：《迟来的零零年代作家，海猫泽蜜瓜》，红茶泡海苔译，https://www.zhihu.com/question/302061059/answer/531352260，2018 年 11 月 14 日。

本学者福岛亮大所说的"时间上的临场性"。传统的共同体建立在地理性的临界位置上，而"如今我们所重视的价值，是时间上的临场性，也就是是否能够'just in time'"[①]。换句话说，网络时代的交往取决于时间的邂逅而不是空间的相遇，但弹幕并不是这种意义上的时间，而是扭曲了的时间。弹幕把各个用户针对视频特定位置发出的评论都整合到视频自身的时间线上，不同用户评论的时间可能是相同的，也可能相差数月甚至数年，但用户看到的同一画面的评论是同时出现的。有些动漫、影视剧在开头或结尾处的打卡弹幕，典型地呈现了这种时间的错置感。弹幕中时常出现的"前方高能"的预警，实际上是发布者在看了后面的剧情后，重新回到前面剧情的时间点发出的警示，这改变了时间的不可逆性。"完结打卡，我们来自天南地北，我们来自过去未来。"[②] 也就是说，如果系统一直不删除视频或清理弹幕的话，用户在观看视频时不仅同时与网络上的其他人对话，也在与过去的人对话，而这又作为一种累积指向了未来，参与将来的对话。这里互动连接的不仅仅是同时参与的人，也跨时空地连接了曾经或将要参与的人。

考虑到社交活动在这种场景的重要性，我们可以称其为

[①] 福岛亮大：《当神话开始思考：网路社会的文化论》，苏文淑译，大鸿艺术股份有限公司2012年版，第11页。
[②] 高寒凝：《弹幕视频网站A站B站大热，弹幕文化是如何形成的?》，https://www.douban.com/note/541617734/，2016年2月26日。

"社交型"文艺场景。相比传统场景，除了前所未有地强化了人群之间的连接与互动外，"社交型"文艺场景还有几个重要变化。首先，这是一种在持续的聊天与社交中的欣赏活动。屏幕上一闪而过、缺乏标识的弹幕构成了纯粹的聊天文化，其先锋性在于，它把一切文艺作品都变成了实时的讨论与观看。一般来说，文艺欣赏要求保持专注，但在弹幕文化中，欣赏是在持续的讨论中进行的，讨论越热烈，欣赏活动越深入。其次，生成了传统文艺场景难有的集体性情绪体验。网友找到情节亮点后与人分享，对演员演技的共同"吐槽"，情绪高潮处的集体刷屏……这种群体讨论生成的情绪体验是孤独、静态的文艺欣赏不可能具有的。网友表示："有人吐槽有人解说，我感到并不只有我一个人在看视频，即使屏幕前只有我一人，那也是一种不孤独的感觉……对我来说，我尽量去看有弹幕的视频，去评论区表达自己的感想，回复别人的意见，活跃度很高。""能把喜剧看成悲剧，能把悲剧看成喜剧。再无聊的铺陈也有人做伴，这就是喜欢弹幕的原因。"[①]再次，弹幕互动成为社交生活的接入口，社交生活的重要性甚至超越了文艺欣赏的需求。人们通过文艺弹幕来结识朋友或与人"互喷"，弹幕互动成为社交生活的一部分："在弹幕上'瞎喷'一番，跟人战个百十来回，并拍照发于 QQ 空间、

---

① 知乎匿名用户对"看弹幕是一种怎样的体验？"的回答，https://www.zhihu.com/question/32144520，2015 年 7 月 13 日。

腾讯微信、新浪微博等地方。"[①] 最后，在弹幕文化的催化下，社交媒体构成了文艺场景的基础，种种文艺 App 设计成了社交软件，软件中有"发现""关注"等界面，试图最大程度实现文艺之外的社交功能。

弹幕文化的"社交型"文艺场景也改变了社交的定义。有些学者对社交媒体的密集交往持悲观看法，比如雪莉·特克尔认为网络社会形成了新型孤独——群体性孤独："我们在网络上与他人的联系越来越紧密，却变得越来越孤独。"[②] 但这也许是一种"在场"意识形态。数字时代人们的兴趣焦点变得越发分散，物理性的"在场"连接反而可能是隔膜的、孤独的，弹幕文化让人们更容易找到同类的群体，如有网友认为："我在现实生活中完全找不到和我一样迷恋生田斗真的人，但当我上了 B 站看《无间双龙》时，我发现全世界都和我一样喜欢他。"[③] "跟身边的人聊电视剧，发现她们都没看过，还被鄙视！看弹幕发现，原来这么多人和自己的兴趣点相同！"[④] 随着新媒介对社会生活的渗透与编码，这种日常与网络互渗的社交才代表着"真实"，所谓实际交往反而成

① 知乎用户"拾年"对"看弹幕是一种怎样的体验？"的回答，https://www.zhihu.com/question/32144520，2015 年 9 月 22 日。
② 雪莉·特克尔：《群体性孤独：为什么我们对科技期待更多，对彼此却不能更亲密？》，周逵、刘菁荆译，浙江人民出版社 2014 年版，第 1 页。
③ 郭冠华：《二次元宅文化在中国：字幕像子弹一样飞》，https://m.sohu.com/n/439302329/，2016 年 3 月 3 日。
④ 宋宇：《中国弹幕文化：二次元世界的"庶众狂欢"》，https://www.douban.com/group/topic/87505043/，2016 年 6 月 16 日。

为边缘化的特例。或者说，这也是后人类的生存状态，传统的"一个身体对应一个意志"的观念，让位给可分解的主体，我们活在多个小世界中，拥有多重身份与多个场景中的自我。

罗伊·阿斯科特认为，罗兰·巴特描述的"文之悦"更像是一种单独行为，而"远程通信文本"引发的不是"独乐"，而是"一起来吧"的"众乐"，一种分布式的"快乐"，这种"欢愉"体现在产生这种"快乐"的系统的每一个角落。① 从实际情况来看，阿斯科特所描述的"众乐"并非真正的"众乐"，他所说的"远程通信文本"仍是实验性的精英主义合作。从西方数码艺术来看，尽管它也强调互动，但由于技术上的要求，互动甚至变成了比传统文人的"独乐"更为小众化的活动。这里体现出中国新媒介文艺的独特意义，从艺术史来看，"众乐"在中国新媒介文艺的网络讨论中，特别是弹幕文化中，真正变成了一种现实的、日常的、大众化的行为。值得注意的是，这种众乐并非仅限于大众文艺的欣赏，在社交媒体语境中，弹幕文化让所有类型的文艺活动都变成了"社交型"文艺场景，呈现的是人类社会视听方式根本意义上的转型。

---

① 罗伊·阿斯科特：《未来就是现在：艺术，技术和意识》，周凌、任爱凡译，金城出版社 2012 年版，第 24 页。

第二节 •
弹幕与艺术效果的生成 •

　　弹幕文化的群体交往也改变了艺术作品的性质，或者生成了原作本身没有的艺术效果，这是特别需要注意的重要变化。

　　弹幕文化常常生成艺术作品本身不具有的喜剧效果。比如，看林正英拍摄的恐怖片时，在惊悚的音乐中，屏幕上出现的是棺材的特写，棺材头上还贴着一个福字，正当众网友不安于这诡异的氛围时，屏幕上飘过一条弹幕："我扫出了敬业福！"恐怖的场景与现实中"扫福"的娱乐相联系，顿时让网友们啼笑皆非。看《西游记》时，沙和尚骑马，弹幕会来一句："沙琪（骑）玛。"看《铁齿铜牙纪晓岚》时，皇上让和珅加急送一件东西，于是弹幕来了一句"申（珅）通快递"；当皇上让纪晓岚（纪昀）加急送一件东西时，弹幕变成了"韵（昀）达快递"。本章说同样如此，如在"见缝长草"的小说《漫威世界混日子》的"序章"中，李莫穿越时，他的好"基友"张凯在旁大叫："李莫！你不够意思！穿越了也不带上我！"此时网友在本章说中留言："下一秒，大结局之后的主角穿越了回来，踹了张凯一脚，说道：'我这不是又穿回来了吗？还给你带了土特产。'"①在这里我们看出一种网友把剧情"玩坏了"的效果。这种笑料频出的喜剧体验，与《大话西游》开辟的"无厘头"风格具有相似性，都充分利用了戏仿的时代倒错（anachronism）原理，而这也是弹幕文化深受年轻人喜欢的原因。不过其中也有关键区别，戏仿的时空误植置于文本之中，属于文本自身的一部分（同一个次元），而弹幕是网友的讨论将文本外的现实不断引入虚构故事内部的结果（次元的跨越）。

弹幕文化的交往与讨论并不局限于生成喜剧效果（认为弹幕只是恶搞，是一种普遍的误解），艺术效果是多种多样的。三次元的弹幕讨论与二次元世界交织，可以随意地"加深""增添""删减"剧情，改变艺术体验。在《三国演义》"三顾茅庐"的剧情中，孔明正午休，刘备在堂下耐心等候。脾气火暴的张飞意欲前去放火，被关羽拉住，两人正争执时，弹出一条弹幕："三弟别闹了，这是丞相最后一个踏实觉，让他多睡会吧。"联系到孔明此后鞠躬尽瘁的一生，其中意味颇为深远。当出现"前方高能"——预示将有可怕镜头出现

---

① "追书者终结者"发布的本章说，参看《起点本章说Top20》，https://tieba.baidu.com/p/6004679443?red_tag=0769528261，2018年3月24日。

的弹幕时，网友就会群发正能量口号的遮挡弹幕，形成所谓
"弹幕护体"，大大降低了原视频的恐惧感。在动画《学园偶
像祭》中，当出现台词"如果奇迹有颜色，那么一定是橙色"
时，网友集体打出了橙色弹幕，似乎真正"生成了"现实的
奇迹。在电视剧《古剑奇谭》中，女主角说："你看，好美的
星空啊！"接下来镜头一转，空中并没有星星，此时网友们
用弹幕画上了一颗颗星星。

当情节到达高潮或某个重要节点时，网友的弹幕讨论往
往会生成一种集体的温暖与崇高感。在电视剧《亮剑》中，
孤军奋战的骑兵连以同归于尽的方式不断向日本骑兵冲杀，
当最后只剩下连长时，他继续喊着"骑兵连，进攻！"的命
令，以必死的决心冲向日军。此时，屏幕上打满了"骑兵连，
进攻！"的弹幕，在群情悲愤中，网友们似乎实现了次元的
跨越，以弹幕的方式参与了影视剧中的"进攻"。在纪录片
《寻找手艺》第四集中，导演为两名年迈的造纸艺人拍照，
两位老人说"拍了照，名字和照片就能到北京了"。老人微
薄的愿望感动了人们，网友们不断打出弹幕："到北京了""到
杭州了""到重庆了""到济南了"……在电影《被嫌弃的松
子的一生》里，命运坎坷的松子回到空无一人、垃圾遍地的
家中，落寞地轻声说了一句："我回来了。"此时出现了满屏
的"欢迎回家"的弹幕（见图1-1）。这些弹幕让观众产生
了巨大的感动："那一瞬间觉得，即使生活有那么多不如意，

但凭借着人和人之间互相依靠的温度，我们也能够微笑着活下去。"①

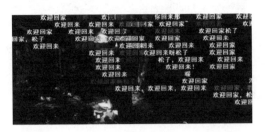

图1-1　《被嫌弃的松子的一生》中的弹幕

　　在飞行射击游戏《亲人》（Familiar）中，玩家控制的白球在前三关中收集了三个小球。到了第四关，玩家开始知晓背景故事：一对姐妹和三个孩子生活在小镇上，魔女夺走了姐姐与三个孩子的灵魂，妹妹决意前去营救。也就是说，玩家控制的白球实际就是妹妹，三个小球则是已经救下的孩子的灵魂，而这一关的任务就是营救姐姐。当玩家操控的白球快要成功时，不断射来的铁枪贯穿了妹妹的身体。此时三个小球护在了受重伤的妹妹身前，拼死挡住铁枪，代表姐姐的红球挣脱了束缚，但同样受重伤的她只能发出无力的月牙形攻击波。此时，网友们纷纷打出长串的半括号弹幕，无声地冲击着横亘在姐妹间的锁链（见图1-2）。

---

① "skshdkk"在新浪微博上发布的感想，https://weibo.com/3226546147/Eic27yiRl?type=comment#_rnd1582333355852，2016年11月19日。

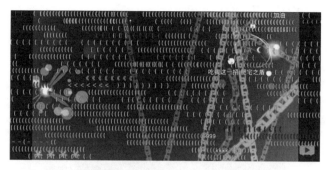

图1-2 游戏《亲人》中的弹幕

当最后同样被铁枪贯穿的姐姐艰难地走到妹妹跟前时，故事结束了。没人知道她们的死活，在死寂的沉默中，感动而愤怒的网友发出一条弹幕："有人和我一起去刷魔女吗？"弹幕瞬间炸裂，满屏都是"虽然我×××，但是请带上我"（见图1-3）。此时，电脑前的玩家被彻底感动了："一个奔三的大老爷们，对着几个小球，泪流满面。"①

图1-3 游戏《亲人》中"请带上我"的弹幕

① 知乎用户"宋典"对"哔哩哔哩有哪些让人泪目的弹幕？"的回答，https://www.zhihu.com/question/49960212，2016年9月3日。

剧情重要关头的台词，有时即便只是经过弹幕成百上千次的重复，也生成了原作无法企及的狂热力量。例如：视频《炮姐/AMV》中的"你指尖跃动的电光，是我此生不变的信仰"；《命运石之门》中的"这一切都是命运石之门的选择"；《狐妖小红娘》中的"如果我们能活着出去的话，万水千山，你愿意陪我一起看吗"。在刷屏弹幕不尽的回声中，网友们既在向自我与远方的爱人致意，也互相感受到了陌生人之间的温暖。

这生成了一种奇妙的情感效果，它是一种穿越，现实的观众似乎介入了虚构的故事之中，给主人公送去温暖，而在一起同情主人公的同时，又构成了一种反穿越，观众体验到了来自虚构世界的同时代人的集体问候，利用这种折叠的界面关系，在远超原作的巨大感动中，每个人都被治愈了。

在传统语境中，观众与角色的艺术交往是一种想象性交往，是没有回应的语言；而在这种虚拟与现实的交织中，弹幕似乎让观众"现实地"进入了角色的世界。有的时候，二次元的虚拟角色也会向三次元的观众"呼喊"，比如在动画《仙王的日常生活》中，人物在战斗中向故事外的观众喊道："弹幕飞剑！"这时，网友们立刻刷出密集的"飞剑"弹幕，在前所未有的跨次元互动中，故事内外的人共同走向了集体的感动与狂欢。

显然，这里蕴含着文艺观念的变化，弹幕文化的群体讨论深刻改变了原作的性质，生成了原作没有的艺术效果，客观上要求我们将叠加于作品之上的弹幕也视为文艺的一部分。对习惯了弹幕的人来说，文艺作品没有弹幕会黯然失色。弹幕成为文艺的一部分还可以从以下几方面看出。

从作品的形式变化来看，一方面，弹幕内嵌于文艺作品之中，作品难有"内"与"外"的区别；另一方面，它们也构成了纵向同步的时间线，随着故事情节的推进，弹幕也在动态化地演进，两者已融为一体，难以分开。

从网友的消费动机与视听习惯来看，弹幕评论本身成为重要内容，呈现出从传统的"追文""追剧"到"追评论"的变化。小米联合创始人黎万强曾关注弹幕，面对视频上"满屏纷飞""铺天盖地"的评论，他的第一反应是"震惊"："这里面的视频怎么看呢？"在坚持看了半个小时后，他发现画面和评论是可以分离的，变成了"想看画面就看画面，想看评论就看评论"的状态。他得出结论："弹幕本身是一种内容。"从网友的反应来看，这是实际情况，一些网友甚至认为，弹幕比影视剧本身更好看："这年头，弹幕比电视剧好看多了。""看剧不如看弹幕热闹。""看剧是其次，玩弹幕才更重要。"[①] 网络文学（又称"网文"）同样如此："太喜欢本章说，

① 五条电影：《这些弹幕是认真的吗？笑死我了哈哈哈哈哈哈～》，https://www. sohu.com/a/246682280_100190877，2018 年 8 月 12 日。李夏至：《热播剧网站：看剧 刷弹幕 网友玩得不亦乐乎》，https://www.sohu.com/a/20664949_115402，2015 年 6 月 30 日。

里面的一些评论简直比作者的书都好看。""小说的本章说就跟 B 站的弹幕一样是灵魂所在。"[①] 我们必须意识到，不开弹幕与开弹幕的视听体验是完全不同的。

从版权的变化来看，弹幕也成了内容。对数字时代的文艺来说，盗版是常见现象，这也成为痼疾。然而，有意思的是，弹幕文化的兴起改变了这种状况，人们开始从阅读盗版转向正版，这尤其体现在阅读网络文学的过程中。文字性内容的盗版成本几乎为零，以前读者多聚集在百度贴吧，依靠"人肉打字机"分享新出的小说内容，或者直接在各种盗版网站上阅读，但这部分读者现在开始愿意付费，原因就在于正规读书网站里面有本章说或间帖，而盗版网站没有。如某网友表示："很惭愧，我是个盗版读者……然而我最近居然看正版多了起来，就因为这个本章说，盗版是没有的。本章说里面人才很多，优秀的同学很多，有点视频弹幕那种一起交流的感觉，非常棒。"[②] 也有网友有相似看法："起点本章说真是个天才般的创意！""很多人看书的时候也会强迫症发作似的点开本章说，盗版网站也无法盗取每章的本章说。那些想看本章说的盗版读者只能屁颠屁颠跑到正版看。这让我想起很多人特喜欢上 B 站看视频，哪怕别的网站也有，就是因为喜欢看弹幕。"① 弹幕成了划分正版与盗版的天然屏障，原因就在于网友生产的成千上万条评论，盗版网站是没法盗取的，不可能盗取这个生生不息、无穷无尽的系统。

---

① 网友"关山难越"关于本章说的回帖，http://www.lkong.net/forum.php?mod=viewthread&tid=2173290&page=1，2018 年 11 月 6 日。

第三节 •

：

弹幕与数据库文化 •

　　弹幕带来的变革还在于交往活动肢解了作品，从文化象征形式的变迁来看，它呈现了文艺从传统的线性叙事走向网络时代的数据库美学的趋势。从弹幕及其文学变形版间帖或本章说来看，它们在形式上呈现为数据库效果，星罗棋布地构成了视频或文本中一个个要素；而从消费方式来看，它们也是对剧情的评论。这颇类似于罗兰·巴特在《S/Z》中对文本的拆解，故事在阐释中不断被肢解为一系列片段、单元与槽点。评论置于作品之外还是作品之中是两种根本不同的情况。传统跟帖置于作品之外，尊重的是作品的完整度，而弹幕居于作品之中，随剧情的推进而不断发出，关注的不是连贯的情节与统一性，而是把作品当作一帧帧材料来使用。

　　从视频或文本的外部资源来看，它同样构成了一个数据库式的要素宇宙。弹幕经常"玩梗"。所谓"梗"，就是圈友间共知的情节、桥段或要素。网民将故事中的要素与已知的桥段相联系，往往能产生喜剧化效果，而这些海量桥段之间就串联起了一个数据库——一个超文本式的宇宙。以人们熟知的《延禧攻略》为例，《延禧攻略》首先让网友串联起了《还珠格格》。演员戴春荣既扮演过《延禧攻略》中娴妃的额娘，也扮演过《还珠格格》中的纯帝继皇后。在《延禧攻略》中，当额娘教育娴妃在后宫中要争权夺利时，弹幕表示："额娘，长大后我就成了你。"这既套用了《长大后我就成了你》这首歌曲的名字，又指娴妃后来成为历史上的纯帝继皇后。《延禧攻略》又串联起《甄嬛传》。在《甄嬛传》中，孙俪饰演甄嬛，而甄嬛在《延禧攻略》中则成了太后（由另一名演员饰演）。当这位太后出场时，弹幕表示："嬛嬛，你现在是一日吃五餐吗？你胖了。""估计当了太后高兴，吃多了吧。"这是故意将两位演员混同后产生的喜剧效果。《延禧攻略》还串联起网剧《镇魂》。演员高雨儿饰演《延禧攻略》中的宫女锦绣，网友发现她又是《镇魂》中蛇族女强人祝红的扮演者。在《镇魂》中，祝红被蛇四叔送到镇魂令令主（赵云澜）手下，但在这过程中她爱上了赵云澜。当《延禧攻略》中的锦绣试图引起异性的注意时，弹幕开始了苦口婆心的劝导："红姐，你别这样，和镇魂令令主不成，你也可以做你的族长。""红姐，你忘了大明湖畔的赵云澜了吗？""红姐！就算人间不值得，也别这样啊，你是亚兽大族长啊！"① 这种把

---

① "娱尾巴"：《为什么看剧一定不要开弹幕？因为看弹幕会笑死你》，http://k.sina.com.cn/article_6582165894_18853e18600100btcx.html，2018年9月16日。

各种文艺作品的桥段、人物不分青红皂白地拉通了的调侃，是弹幕文化常见的搞笑模式。在这里可以看出，观众的大脑正是以数据库的原理在工作。

与此同时，这构成了线性情节的中断与悬置，其表现在互相联系的两个方面：一是"情节的遗忘"，二是"时间的延长"。由于被弹幕吸引，一些网友甚至遗忘了情节："自从有了弹幕，我再没能好好看剧了。""B 站大家再熟悉不过，几乎在 B 站看视频和动漫，就没能完整仔细地看完，基本都盯着弹幕了，因为很多时候真的弹幕比剧情有意思多了。"[①]而一边看剧情一边看弹幕的模式，也导致了观剧或读书时间的延长。在电视上看《亮剑》，网友往往直接跳过片头，而在 B 站看《亮剑》，网友却是开着弹幕，反复品味片头的每一句歌词。小说也是这样。"就是太浪费时间了，一章要看好久好久。"[②]这改变了网络兴起后的刷屏式欣赏，使其出人意料地走向了慢节奏阅读。

不仅文艺的消费从叙事走向数据库，文艺的生产也有类似趋势。正是由于弹幕文化"吐槽"风的盛行，文艺生产也开始强调"弹幕思维"。所谓弹幕思维，就是在文艺创作中，

---

① "节操无次元"，《你见过最搞笑 B 站弹幕是什么？自从有了弹幕，我再没能好好看剧了》，https://baijiahao.baidu.com/s?id=1597257172463622640&wfr=spider&for=pc，2018 年 4 月 11 日。

② 网友"养青鱼"关于本章说的回帖，http://www.lkong.net/forum.php?mod=viewthread&tid=2173290&page=1，2018 年 11 月 6 日。

根据弹幕的"吐槽"情况预先针对性地设计作品的剧情与话题点，或者在后续制作中调整剧情发展。对弹幕电影的创作者来说，哪些地方弹幕稀少，哪些地方会有密集的弹幕，能成为观众的兴趣点，都是创作中需要关注的重点。[①] 这也是一些偏轻松日常的网络小说开始兴起的写法。"现在起点的书，越来越偏向轻松搞笑了，字里行间都融合了大量的梗和段子。很好笑，读着很轻松，又吸引了很多读者在底下发本章说，可以说是一个正向循环。"[②] 最近一些流行的小说，如"沉默的糕点"的《史上最强赘婿》、"横扫天涯"的《天道图书馆》、"巫马行"的《我真没想出名》，"江湖再见"的《万古最强宗》，以及"李鸿天"的《打造超玄幻》，都带有这种特点。由此带来的后果就是，这些作品内部也充满了片段式的"梗""段子"，构成了一个个可供"吐槽"的点，这同样构成了线性叙事的中断，营造了数据库式的效果。

　　显然，弹幕文化让文艺的消费与生产都呈现出从叙事走向数据库的趋势。美国学者列夫·曼诺维奇在 1998 年提出了数据库的说法。在他看来，在小说、电影相继成为现代社会的核心文化表达形式之后，数据库将成为电脑时代的"象征形式"。如果说传统叙事是线性结构的，那么数据库就是项

① 许嘉：《弹幕电影：如何让"吐槽"变成一门经济学》，《南方都市报》，2014 年 8 月 7 日。
② "五百之师"：《现在起点都市不会玩梗的作者岂不是很难混啊？》，http://www. lkong.net/forum.php?mod=viewthread&tid=2358730，2019 年 7 月 10 日。

目的集合。在此意义上，世界应通过目录而非叙事来理解。[①]
日本学者东浩纪也曾谈到数据库消费的问题。在 2001 年出版的《动物化的后现代：御宅族如何影响日本社会》一书中，他结合日本御宅族文化，认为大冢英志所说的物语消费（故事消费）已走向了数据库消费，故事不再重要，御宅族消费的是各种数据库化的萌要素。[②] 东浩纪的《动物化的后现代：御宅族如何影响日本社会》产生了较大影响，被翻译成多国文字。在数据库对叙事的取代关系上，可以看到东浩纪对曼诺维奇理论的借鉴，且观点更为极端。此外，亨利·詹金斯也有类似看法，他借用安伯托·艾柯的观点说明"粉丝"消费现象，认为作品应该是"百科全书式的"，"包含可供痴迷其中的消费者钻研、掌握和实践的丰富的信息内容"。而这必然带来片段化的数据库后果："为了让作品成为受众迷恋对象，它必须能够分解开来成为若干部分，让人只记得它的组成部分，而不考虑这些组成部分与整体的原有联系。"[③] 弹幕文化呈现的美学效果与这些学者的论述有相似性。

　　不过，也不能将曼诺维奇、东浩纪与詹金斯的理论直接套用到对弹幕文化的分析上，需要注意其中的语境差异。曼

---

① Lev Manovich, *Database as a Symbolic Form*, http://manovich.net/content/04-projects/022-database-as-a-symbolic-form/19_article_1998.pdf，2019 年 8 月 12 日。
② 东浩纪：《动物化的后现代：御宅族如何影响日本社会》，褚炫初译，大鸿艺术股份有限公司 2012 年版，第 92 页。
③ 亨利·詹金斯：《融合文化：新媒体和旧媒体的冲突地带》，杜永明译，商务印书馆 2012 年版，第 159 页。

诺维奇在总体上预言了文化象征形式从印刷时代向网络时代的变迁，侧重的是传统的线性叙事到非线性选择的文化趋势；而弹幕文化主要呈现为一种碎片化的马赛克美学，与叙事的多重走向没有密切关系。对东浩纪、詹金斯来说，他们的思考与大众媒介时代的文本间性有关，随着文艺作品的爆发式增长，文艺桥段、要素层出不穷，又被反复套用与消费，生成了前所未有的文本间性，各种套路、桥段被人们反复欣赏与研究，由此生成了碎片化效果。尽管弹幕文化也会涉及各种桥段的"玩梗"，但情况并不完全相同，实际上它表现的是文艺消费的新阶段。在东浩纪、詹金斯那里，这种消费是"粉丝"行为，是亚文化的，在态度上是迷恋的，在迷恋中交流，迷恋的对象多局限于角色、萌要素与情节，寻求的是"粉丝"的归属感，指向的是二次元世界的沉浸。对弹幕文化来说，这种消费却是大众普泛化的行为，在态度上不是迷恋，而是搞笑、评论、"吐槽"或讽刺，寻求的是交流与"吐槽"中的快乐，呈现的是与作品的疏离感。"吐槽"对象则涵盖了剧情、人物、演技、服饰、道具等所有要素，指向的不是二次元的沉浸，而是超脱单一世界的局限，追求随意的次元跨越。其中根本的差异在于，如果说东浩纪等人的理论指向的仍是传统的"粉丝"文化语境，那么弹幕文化表现的就是社交媒体中的聊天互动带来的文化后果。与此同时，也要注意东浩纪等人的理论的极端性。东浩纪认为御宅族沉浸于萌要素的数据库消费，故事成为可有可无的东西，而在弹幕文化中，文艺虽然也表现出从叙事走向数据库的趋势，但故事仍然重要，尤其对强调内容为王的新媒介文艺来说，故事才是最重要的。弹幕文化的参与者，往往会在第一遍观看时关掉弹幕，欣赏剧情，然后打开弹幕，共同"吐槽"，这种行为习惯本身表明了剧情的重要性。

从叙事走向数据库，表明了弹幕文化的解构性。从形式上看，成千上万条弹幕渗入了文艺作品，这隐喻着视频或文本本身已经千疮百孔了，不管是从消费还是从生产来看，都呈现出一帧帧的碎片化特征，一定程度上肢解了线性叙事。从内容来看，弹幕实则就是评论，而这种评论又偏向于"吐槽"，这也带来了弹幕文化强烈的解构性，它会对作品中任何可能的槽点进行"吐槽"，任何虚伪做作、"雷点毒点"，以及剧情、演技、道具、布景上的任何缺失，都会被讽刺与嘲笑，弹幕文化中流行的"编剧食我刀片"的说法，表现的正是这一情形。但也不能过于夸大这种解构性，在解构狂欢的背后，弹幕文化仍受制于精妙的权力控制。杨骏骁认为，弹幕引起的哄笑是一种"身体性"："弹幕唤起的并不是一种反思性、分析性的交流和视听态度，而是一种环绕着用户身体的感觉和氛围，它要求用户近乎条件反射的快速反应。"[1]

---

[1]　杨骏骁:《"弹幕"论——软件结构的权力与模块化的文化》,《热风学术网刊》2016 年第 1 期。

不难看出，在很大程度上，它倾泻的正是人们的无意识欲望。当文艺生产根据弹幕大数据去迎合人们的欲望时，实际上也就是以最小的成本获取最大的利益，完成对用户情感与身体的巧妙控制，形成一种"安全装置"，一种更加柔性化的权力统治。

第四节
弹幕文化与交往诗学

　　弹幕文化带来的前所未有的交往活动，让我们有必要重新思考文艺观念。对社交媒体语境中的文艺活动来说，文艺理论需要走向交往诗学。

　　接受美学已经注意到交往的维度了，耀斯把审美实践分成生产、接受与交流三个方面，认为"关于日常生活世界中的艺术功能，人们只是考察审美经验的生产功效和成就，很少考察其接受功效和成就，几乎没有考察其交流功效和成就"[1]。他试图将接受美学纳入一个普遍的交流理论模式中加以考察，文艺不是指向客体世界的对象性投射，而是主体间性的活动。这相对于只是从作品、客体的意义上理解文艺的文本意识形态来说是一个进步，但在社交媒体语境中，这种理论范式已不能完全说明问题。在接受美学那里，艺术交流活动主要从历史的维度来理解（"效果历史"），主要是作者

---

[1]　汉斯·罗伯特·耀斯：《审美经验与文学解释学》，顾建光、顾静宇、张乐天译，上海译文出版社 1997 年版，作者序言第 2 页。

与读者基于文本的跨时空对话,"在这个过程中,作者、读者和新作者之间采取一问一答的对话形式以及原始答案、现时提问和新的答案的形式来解决时间距离问题"①。与之相应,这是想象性的、虚拟的交往,即卡冈所说的"准交往"②。弹幕文化侧重的却是接受者之间的群体交往,虽然也带有虚拟性,是"想象的共同体",但它又是可视化的聊天,是现实的、"正在发生"的交往。显然,这里存有重要区别,呈现出从纵向的跨时空累积向横向共时连接的转移。借用雅可布森等人的理论,赵毅衡认为,任何表意活动都靠符号的纵聚合轴(paradigmatic)与横组合轴(syntagmatic)的双轴关系展开,前者的操作靠比较,后者的操作靠邻接黏合,比较与连接是人的思考方式最基本的二维,也是文化得以维持并延续的二元,而当代文化正由纵聚合轴向横组合轴倾斜,"实是连接、连接、再连接"③。弹幕文化的兴起可以说强化了这一文化趋势。如果说接受美学主要强调的是纵聚合轴,是"效果历史",是人类文化的跨时空比较、选择与累积,那么弹幕文化营造的就是这种"横组合轴"文艺场景,并将这种连接活动变成了无所不在的讨论。

① 汉斯·罗伯特·耀斯:《审美经验与文学解释学》,顾建光、顾静宇、张乐天译,上海译文出版社 1997 年版,作者序言第 14 页。
② 莫伊谢依·萨莫伊洛维奇·卡冈:《美学和系统方法》,凌继尧译,中国文联出版公司 1985 年版,第 254 页。
③ 赵毅衡:《两种经典更新与符号双轴位移》,《文艺研究》2007 年第 12 期。

历史上也存在艺术的公众讨论，哈贝马斯所说的 17、18 世纪欧洲由咖啡馆、沙龙、宴会等组成的文学公共领域就是这种情况。哈贝马斯的交往论也较早强调了文艺接受活动的交往属性。耀斯强调审美交流也是受到了哈贝马斯的影响。不过，在哈贝马斯那里，他强调的是由艺术和文艺至政治的功能转换[①]，看重的是艺术交往中培植起来的"主体性"与"私人性"的经验关系。显然，强调主体审美的自我建构与社会规范交往的主体间性，仍然属于纵聚合轴的语义范围，而对弹幕文化来说，它追求的是即刻而有效的"众乐"，是横向的群体性交往。在社交媒体时代，文艺并不总是作为意义媒介侧重对主体的启蒙与重塑，其原因也在于文艺已成为人们不可或缺的交往途径与交往生活。由于社交媒体的广泛兴起，人们养成了"什么事都一起做""一起说"的习惯，只有进入交流的、成为话题的，才是"真实的"。文艺活动的场景、艺术效果的生成、作品内部的结构都已被交往深刻改变，数字时代的文艺理论应走向交往诗学。我们认为，交往诗学的内涵包括以下几个方面。

在文艺观念上，从传统的作品观念走向社区观念，从社区性去理解社交媒体时代的文艺活动，将作品外的交往活动

---

① 哈贝马斯：《关于公共领域问题的答问》，梁光严译，《社会学研究》1999 年第 3 期。

视为文艺的内容。传统文艺对应的是"作品"的科学，所谓文艺经典实际就是作为"幻象"与"偶像"的"艺术品"。①这种作品观念与特定时代的主导媒体有关。从文学来看，印刷媒体让文本成为可触可感的静态客体，文字最终把人和认识对象分离开来，并由此确立"客观性"的条件。文学作品的客体观念也影响了其他文艺形式，最终形成了艺术的框架，建构了艺术与生活的边界，对应的是西方现代美学主张的静观欣赏与艺术博物馆体制。在社交媒体语境中，弹幕讨论或者改变了原作的性质，或者生成了原作没有的艺术体验，完整的文艺内容应是作品与弹幕的结合，两者的叠加产生了一加一大于二的效果。如果删除弹幕这种交往性活动，作品的完整性就不复存在。在此意义上，我们应改变那种只将文艺当成某个"物"（作品）、当成一种"客体科学"的固有观念，从社区性去理解文艺，将文艺看成是以作品为中心的社区性交往活动。

在文艺生产方式上，需要重视交往活动在文艺生产中的重要性，社交媒体时代构成了一种以交往为基础的维基百科式的生产模式。随着数字时代的到来，人们曾对共享文化、礼物经济有美好设想。德国作家安森伯格在 20 世纪 70 年代曾希望建设一种新媒体，在对待时间的态度上，与倾向占有、

① 皮埃尔·布迪厄:《艺术的法则: 文学场的生成和结构》, 刘晖译, 中央编译出版社 2001 年版, 第 275 页。

追求永生的资产阶级文化相反，它不生产任何可储藏与拍卖的东西，抛弃知识产权，清算非物质遗产。[①] 互联网的黑客文化、自由软件运动、开源运动，都强调信息的免费、共享与合作。从艺术来看，借助网络进行集体创作也成为人们的期待。这类尝试很多，比如2015年美国记者艾瑞克·麦克希望撰写一部互联网式的科幻小说，他在网上发表了小说的前两章，然后邀请约五十人续写他的小说。不过这类尝试往往只能停留在艺术实验层面，集体创作往往导致作品的结构与主题混乱。艾瑞克的小说实验是失败的，"小说如同一个大杂烩，囊括了不同的写作风格"，"缺乏最基本的叙事合理性"。[②] 一般来说，我们会将民间艺术想象成一种集体创作，但在豪泽尔看来，这不过是一种浪漫主义的虚构，民间艺术绝非"行动委员会一致决定的产物"，而是由历史上不同的人们"逐渐修改、不断变化的结果"，它极为依赖个人的创造，"没有独立的个人贡献，集体艺术创作是不可思议的"。[③] 在相同的意义上，考夫曼也否定了通过网络进行集体创作的可能性："通过网络，也许我们走出了文学，但反过来说，想

---

① Hans Magnus Enzensberger, "Constituents of a Theory of the Media", Stuart Hood trans., in Timothy Druckrey ed., *Electronic Culture: Technology and Visual Representation*, Aperture, 1996, pp.62-85.

② 樊尚·考夫曼:《"景观"文学:媒体对文学的影响》,李适嬿译,南京大学出版社2019年版,第222页。

③ 阿诺德·豪泽尔:《艺术社会学》,居延安译编,学林出版社1987年版,第214—216页。

要通过网络进入文学，似乎也并不容易。"[①]但从弹幕文化来看，也许我们对艺术的集体生产存在一种错觉，它并不需要生成统一的集体性，而只需要一种拼贴式的集体性。一条条"神弹幕"来自不同的网友，形成了一种维基百科式的通力合作，在网友不断加入的过程中，体现了一种超文本的运作逻辑与累积原理。一条条精彩评论后面会有大量的跟评，其中又会形成精彩的评论，这让它真正体现了网络无限连接、没有终极的本质，或者说，真正构成了一种网络式艺术："任何单一的作者都无法溯源，任何文本的意义都依赖于进入网络的任何人的积极参与。"[②]在这种情况下，传统意义上的文艺作品已转变为一种话题交流的平台，影视剧的各种"槽点"及情节上的"宫斗""宅斗"，游戏中的对抗，动漫中的"党争""败犬"，都是为了创造话题。正如现在的知乎等社交软件一样，只要作品搭建了话题平台，相关内容就会源源不断地产生，社交媒体上成千上万的网友成了内容生产的主力军。

在文艺评价范式上，在传统作品评价体系之外考虑文艺的连接性与交往性。在传统文艺评价体系中，我们看重的只是作品本身的要素，不管强调的是社会性还是审美性，是历史主义还是形式主义，是本质主义还是建构主义，都是集中

---

① 樊尚·考夫曼：《"景观"文学：媒体对文学的影响》，李适嬿译，南京大学出版社 2019 年版，第 223 页。
② 罗伊·阿斯科特：《未来就是现在：艺术，技术和意识》，周凌、任爱凡译，金城出版社 2012 年版，第 35 页。

于作品本身来说的，这种观念在印刷文化语境中具有合理性，但当面对社交媒体语境中的文艺活动时，这种评价体系就值得反思。社交媒体语境中文艺的构成要素、欣赏方式与体验结构不同于传统文艺。一些精英知识分子对网络上的文艺不感兴趣，主要是因为这些欣赏者无法复原他们现场讨论的氛围，而这种氛围、互动与语境本身是新媒介文艺的重要目的。王靖献用口头诗学来解读《诗经》，其专著《钟与鼓——〈诗经〉的套语及其创作方式》的书名取自《诗经》首篇《关雎》中"钟鼓"一语，含义深远，意在希望现代读者能像诗中主角及生活于类似文化环境中的古人那样去阅读这些诗歌[1]，也就是去感受那种现场的吟唱氛围，而不只是做作品式的静观鉴赏——这种要求同样适合于新媒介文艺的欣赏。因此，对新媒介文艺的评价，不仅要重视作品，也要将其视为一种过程，视为一种互动的社区性"事件"，重视文艺参与者之间的交往，将文学公共生活与主体间性的活跃度考虑在内。在社交媒体语境中，艺术对象并不只是作为艺术体验的对象，也作为可供拆解、评论与再生产的对象，来重新定义自己与获得艺术地位。普遍的情况是，为了获得媒体的流通性（交往），而不得不在一定程度上放弃信息的强度（意义）。如果仅以意义维度来衡量社交媒体时代的艺术作品，就是犯了

---

[1] 王靖献：《钟与鼓——〈诗经〉的套语及其创作方式》，谢谦译，四川人民出版社1990年版，原序第2页。

"解释学的错误"（hermeneutic error）："在前远程通信时代，我们认为世界充满意义，是一个需要解读的文本，是一本待读的大部头。现在，是我们书写自己的现实并且通过互动来修订其中含义。"①

在研究视野上，从交往诗学的角度去研究新媒介文艺，注意交往活动对新媒介文艺的深层渗透。比如，前面所说的弹幕的群体性交往对文艺场景的变革，对作品艺术效果的改变与生成，对作品的肢解与内部结构的塑造等，都表明了这一点。此外，我们还可以注意到这种交往活动对艺术框架的打破。从前面的论述可以看出，弹幕不断地将外部的社会现实引入故事内部，利用持续的"世界间性"（故事世界与现实世界之间的交互）生成艺术效果，客观上突破了艺术的框架（frame）。在艺术史上，框架构成了区隔现实世界与艺术世界的象征架构，建构了观看的空间、距离与意义，让艺术作品成为一个沉思、静观与膜拜的对象。框架建构了艺术作品的合法性，但也构成了艺术的牢笼。20世纪初历史先锋派尝试挑战自主性的现代艺术体制，消解艺术与日常生活之间的界限。这一趋向在观念艺术、行为艺术等后现代艺术中得到延续。在弹幕文化中，故事内外世界的交互、日常与非日常的链接，网友"玩坏了"的兴奋，表明了艺术边界的崩

---

① 罗伊·阿斯科特：《未来就是现在：艺术，技术和意识》，周凌、任爱凡译，金城出版社2012年版，第98页。

塌。这似乎表明了艺术的终结，但与其说是终结，不如说是"破框"："艺术一直和艺术史的框架相适应，就像艺术史的框架始终跟艺术相配一样。所以，我们今天不会说终结，而会说破框（Aus-Rahmung）。"[1] 弹幕文化破除的是将观察者与被观察者、"在内"与"在外"分离起来的文化定式。进一步看，可以说弹幕文化表现了一种附件的逻辑。框架建构了中心与边缘，预设了"不是部分的部分"（the part of those have no part）与"不可感者"（insensible）。[2] 与此同时，框架也让自身不可见了，变成了"附件"（parergon）。康德将画框视为艺术品的装饰或附属物，只是作品的补充，其作用在于为美服务。如果附件喧宾夺主，比如以金边画框来吸引欣赏者，这就"对真正的美造成了破坏"[3]。德里达对这种"附件/装饰观"表示质疑，认为附件依靠、紧贴及附加在作品上，但它并不会倒向一边，而是从一个特定的外部，在操作中实现碰撞和协作。它既不是外部也不是内部。[4] 表面看来，附件是附录、附属或补充，但它并不是作品多余的部分，它让作品成为作品，它可能反客为主，帮助本原实现自身，又

---

[1]　汉斯·贝尔廷：《现代主义之后的艺术史》，洪天富译，南京大学出版社 2014 年版，序言第 2—3 页。

[2]　雅克·朗西埃：《美学异托邦》，蒋洪生译，载汪民安、郭晓彦主编：《生产（第 8 辑）》，江苏人民出版社 2013 年版，第 196 页，中译者注。

[3]　康德：《判断力批判》，邓晓芒译，人民出版社 2002 年版，第 62 页。

[4]　Jacques Derrida, *The Truth in Painting*, Geoffrey Bennington and Ian McLeod trans., The University of Chicago Press, 1987, p.54.

代替了本原。弹幕文化也表现了这种附件的逻辑。弹幕实际上就是网络兴起后的草根批评的"2.0 版",批评相对作品来说,是一种附件,它建构了作品的边界,参与作品的合法性与经典化。而相对于学院批评来说,草根批评是边缘性的存在,学院批评常常在把草根批评他者化的过程中建构自我的边界,在此意义上,草根批评可谓附件的附件。但随着社交媒体的兴起,这种附件开始反客为主,改造了整个文艺活动。

总之,从交往角度去理解与阐释社交媒体语境中的文艺,会是一条重要的研究路径。交往诗学的建构并非要取代传统文艺观念,而是对传统文艺观念进行补充与丰富,有助于我们理解社交媒体语境中文艺活动的变革与特征。

研讨专题

1. 弹幕文化兴起的媒介基础是什么?

2. 弹幕文化给文艺活动带来了怎样的变革?

3. 如何理解弹幕文化与数据库文化之间的关系?

4. 弹幕文化带来了怎样的文艺观念上的变迁?

拓展研读

1. 东浩纪:《动物化的后现代:御宅族如何影响日本社会》,褚炫初译,大鸿艺术股份有限公司 2012 年版。

2. 樊尚·考夫曼:《"景观"文学:媒体对文学的影响》,

李适嬿译，南京大学出版社 2019 年版。

3. 黎杨全:《走向交往诗学：弹幕文化与社交时代的文艺变革》,《南京社会科学》2021 年第 4 期。

4. 杨骏骁:《"弹幕"论——软件结构的权力与模块化的文化》,《热风学术网刊》2016 年第 1 期。

第二章
/Chapter 2/

二次元文化

　　作为一种媒介文化，二次元文化的影响力日渐扩大，这是一个双向过程。一方面，二次元题材本身源于生活，它用图像简化现实的细节，把幻想外化，将个性表现到极致，而互联网又将拥有类似特质的网民聚集到一起，形成二次元群体。另一方面，年轻人也模仿流行的二次元作品中的生活方式。他们正处在最希望以新形式表达个性的年纪，在群体感召下，难免追逐流行，对虚构文艺作品中受欢迎的形象产生真实自我认同。慢慢地，热爱二次元的年轻人不再单纯满足于看漫画、玩游戏，而是开始模仿作品中人物的穿着打扮乃至生活方式。参加漫展、Cosplay^①（角色扮演）、收藏动漫周边等活动，在当今都市青少年中十分流行。看动漫、玩游戏之余，有些人甚至幻想自己是"灌篮高手""美少女战士"或超级英雄蜘蛛侠，并在网上积极分享攻略、展开衍生创作。这种基于平面符号和幻想世界的生活方式构成二次元文化。

---

① Cosplay 是英文 Costume Play（制服游戏）的简写，指利用服装、道具与化妆来扮演动漫、游戏中的人物。

第一节 ●
二次元文化的缘起与传播 ●

　　2019 年夏，弹幕娱乐社区 B 站组织的虚拟偶像全息演唱会在上海举办。初音未来、洛天依等虚拟二次元偶像以全息投影的方式为"粉丝"献上歌舞。由平面图像到立体三维，声光电的技术突破次元壁，混淆了所谓真实和虚构的边界。面对舞台上那看得见、摸不着的偶像，台下"粉丝"发出真实的尖叫，流下真实的泪水。面对此起彼伏的荧光棒，人们不禁要问：为什么这些虚拟人物能够影响现实生活？它们的魅力缘何而来？

　　这要从虚拟偶像的原型——二次元说起。互联网文化来源广泛、传播力强，其中层出不穷的新词和新文化现象往往令人耳目一新。这些网络新词来源不一，有的来自英文，如"抢 C 位"（占据中心位置）、"组 CP"（配对）和"粉丝"；有的来自日语，如由"御宅族"发展而来的"宅男""宅女"，原本叫作"追星族""歌友会"的"应援会"，以及"腹黑""傲娇"等。这些网络热词虽然有不同的文化根源，但经过广大网民的使用，在传播过程中不断被赋予新的意义，因此不应将其再简单看作"英语词"或"日语词",而应把它们看作带有全新语义的"网语词"。"二次元"(「にじげん」)就是一个来自日语并被华语网络文化圈广泛接受、使用、再创造的网语词。它的日文写法与中文完全相同。"次元"的意思是维度(dimension),"二次元"也就是指二维世界,即漫画、二维动画、二维电视游戏等作品中的虚构世界,以便与文字的一维世界(一次元)、现实的三维世界(三次元)相区分。具体来说,二次元一方面在文化领域里指动漫、游戏中的平面图画作品,其中的角色全由图像组成,区别于真人饰演的影视剧;另一方面强调幻想和虚拟空间,区别于几何、物理中指向真实的二维概念。

虽然二次元充满幻想,又以动漫为主要形式,但其主要对象却不是儿童,而是青少年。在日本高度细分的文化产品市场中,《哆啦A梦》《精灵宝可梦》等给儿童看的动漫被称为「子供向け」,即"面向儿童的",而二次元面向13—18岁的少年,甚至更成熟一些的青年。因而,二次元作品较普通动漫涵盖面更广,其中既有少男少女的交往指导类游戏《心跳回忆》,也有推崇个人拼搏和团队精神的《灌篮高手》,其他如爱情、寻宝、探险、对战等,也都是二次元常见的主题。

二次元是一个由日语进入华语网络,进而生成跨地域网络文化现象的例子。它的变化既反映出互联网为文化无国界传播提供的便利，也折射出网民对网络文化整体的参与和创造。同时，其也是世界青年文化相互影响、不断融合的产物。在传播过程中，二次元也在不断变化，不同文化语境中的使用者为它增添了更新、更广的含义。

缘起于日本的二次元文化带有日式美学的基本特征，如形象伤感唯美、绘画笔调极简、追求悲剧氛围、推崇牺牲精神等。但同时，二次元的人物设置和故事情节又体现出文化杂糅和开放的特性。广受青少年喜爱的几部二次元动漫，无一不带有外来文化的痕迹。如《美少女战士》的女主角月野兔身着普通日本中学生的水手服却满头金发，另一主角美奈子更是金发碧眼，完全欧美人的模样。《圣斗士星矢》系列中，几名主角分别来自日本、中国、俄罗斯等，他们护卫希腊女神"雅典娜"，故事情节更借鉴了希腊、埃及、印度、中国的神话传说。《龙珠》的主角"孙悟空"借用中国"美猴王"的大名，有时还变身长尾巨猿，剧中还有一个"牛魔王"朋友，但整个故事却和《西游记》毫无关系。《名侦探柯南》则可见爱伦·坡小说和福尔摩斯的影子。作为面向世界的文化产品，二次元动漫一方面意欲保持日本风格，另一方面又着力淡化甚至隐藏日本元素，其间的纠结矛盾恰可为美国学者本尼迪克特在《菊与刀》中描述的日本人的矛盾性格做一注解。

由此可见，虽然产自日本，但二次元本身并不囿于单一的日本文化领域，而是多元开放的，特别是在传播过程中，借互联网技术和不同文化语境受众的力量，二次元不断获得新的文化内涵。

中国也逐渐兴起二次元文化，在这一过程中，首先是中国台湾网民推动二次元从日本绘图类文化产品的一个特点转变为具有明确内涵和外延的文化概念。中国台湾网民以动画（Animation）、漫画（Comic）、游戏（Game）的首字母缩写组成新词 ACG，概括三种最流行的日本文化产品，将之视为二次元文化诞生的土壤，并囊括相关衍生产品。虽采用英语字母组合，但这一简明扼要的统称完全来自且仅流行于华语网络文化圈内。在二次元文化影响力提升之后，网民又将小说（Novel，此处特指轻小说）的 N 添加进去，把二次元文化来源扩充到 ACGN 领域。

随着动漫市场的发展，中国大陆也逐渐兴起二次元文化，其外延也主要是指 ACG 构成的虚构世界，有时也包括（轻）小说，即人们常说的 ACGN 文化圈。其实，严格来说，在二次元群体内部，"二次元"这一概念主要强调的是重度动漫受众，并非泛指所有 ACGN，也不是指所有看过动漫的人。不过，随着智能手机与移动互联网的普及，二次元文化呈现出大众化与日常化的趋势，于是人们就用二次元文化指代整个 ACGN 文化圈。中国大陆二次元文化的发展具有多重原因。一方面，B 站等视频分享网站显著推动了二次元文化的传播；

另一方面，大量网络同人创作和轻小说的出现，使二次元文化范围扩充，介入小说领域。既然图像是二次元的基本特征，那么它的原意自然不包含纯文字的小说，但网民的创造力再一次刷新概念，使小说成为二次元文化的一部分。热门二次元的"粉丝"们在网上自发撰写同人故事，如飞卢小说网里排列整齐的《火影之××》《海贼之××》，即热门二次元作品《火影忍者》《海贼王》的续写和改写。有的还以原作形象穿插配图，体现出读者主动参与推广和构建二次元世界的欲望。同时，二次元的轻松活泼、强烈既视感等风格也被我国网络小说作者采纳，形成一类独立的原创小说，即脱离动漫的二次元文。如"唐家三少"的代表作《斗罗大陆》里古灵精怪的白兔少女小舞，"善水"的《不二掌门》里由墨家机关傀儡变身而来的"萌妹子"，人物角色与动漫精灵合体，向读者展示出二次元空间这一不可能的世界。二次元突破二维平面，不仅向一维文字延伸，也向三维立体拓展，包括相应的影视剧及前述的虚拟偶像演唱会等。2018 年电影《闪光少女》在一群热爱二次元的中学生中流行。电影围绕中国民乐与西洋乐器，讲述了虚拟身份与现实自我、传统文化与青年时尚交织的励志故事。虽然主角是真实人物，电影却带着不容否认的二次元风格。

从学术领域来看，中国大陆对二次元文化的研究也日渐增多。有学者在查阅相关文献后发现，"从 2016 年开始，国内围绕'二次元'的学术话语和媒体话语建构数量猛增"，他称其为"突然爆发的'二次元'"。这种二次元热潮与资本、媒体的推动有一定关系。一些企业自 2015 年开始鼓吹二次元经济，提出所谓"二次元资本元年"。一些媒体甚至声称中国二次元用户达到了数亿之众，这一数字显然有所夸大："将所有阅、听、玩过动漫游戏的人都界定为'二次元用户'这个颇具营销意义的概念，流露出分界权威借此扩张金融资本及社会资本的欲望。"①

　　随着二次元文化的涵盖面扩大、包容力增强，它也日益独立于日本乃至亚洲文化。美国的超级英雄系列，如漫威的"复仇者联盟"、DC（Detective Comics）的"正义联盟"等也逐渐被网民接纳并被视作二次元宇宙的一部分。可见，二次元在发展的过程中，由日本的变成亚洲的，乃至世界的文化现象。人们读二次元作品时，往往有似曾相识之感。这里既有希腊女神雅典娜出没，也有源自埃及木乃伊的神秘力量，中国功夫高手、西西里海盗船长等也都是此中常客。这反映出二次元作品中普遍的文化挪用现象。由此可见，二次元文化并不是日本文化，而是一种互联网促成的、超越地域、具有多文化杂糅特点的青年亚文化。它的意义由广大网民参与构建，并在传播中不断丰富和扩充，既源于现实生活，又影响现实生活。

---

① 何威:《从御宅到二次元:关于一种青少年亚文化的学术图景和知识考古》,《新闻与传播研究》2018 年第 10 期。

第二节 ⦁⦁⦁
二次元文化与虚拟生存经验 ⦁

　　二次元文化侧重二维世界，它相对于三次元的现实世界
而言，并不是指与现实相对的一般意义的"虚构"，而是指
动画、漫画、游戏等形成了具有独立性的人工环境。二次元
作品的魅力来自丰富的图画与极简文字的结合。由于故事通
常设定在远离现实的异世界，所以二次元场景大多是虚幻的，
如魔法对战的风云变幻、宇宙航行的风驰电掣、半人半兽的
萌宠精灵等，在现实中全无参照。因此，二次元作品干脆借
助简化的线条，以图语进行意会式表达。细致入微的图像取
代了言辞的描写，所搭配的文字也多半是对话和象声词，这
造就了故事直白简约、画面精致唯美的风格。二次元作品追
求以大幅空白唤起人们自行想象、脑补细节的欲望，以寥寥
数笔烘托无法言传的浪漫或壮观，为读者和"粉丝"的再创
作留出余地。不同于影视剧真人的扮演，也不同于现实主义
面向社会（三次元）的写作，动画、漫画、游戏是由线条、
图形或电脑软件制作出来的虚拟世界，这是二次元文化得以
成立的基础。这种人工环境甚至影响了文学写作，形成日本

学者大冢英志所说的"动漫现实主义"。以前的文学是模仿"现实",现在则是描写动漫这样的虚拟世界;与之相应的是,在人物塑造上,架空的角色开始取代肉身的人类。

二次元文化形成的基础实际上与当代社会生活的虚拟化相关,二次元世界观基于互联网的虚拟世界逻辑。虽然其指向的动漫、游戏一向是日本文化产业的王牌,但在互联网大幅应用之前,"二次元"一词却只用于相关产业,并没有如此巨大的文化影响力。从既定产业术语演变为网络流行现象,二次元的变身源于互联网应用。以前,小说、连环画、影视塑造人物讲究真实性。例如孙悟空挑战权威、梁山好汉急公好义、林妹妹感叹世事薄凉等,人人都可能有相似的际遇,因而特别容易产生共鸣。反观二次元人物,他们夸张的大眼小嘴、蠢萌的表情和对答,以及随手召唤的魔法超能力,无一不在强调与现实世界的距离,它们是非真实的、非理性的。而面对这些与自身完全不相干的平面形象,受众的代入感从何而来呢?这要感谢随互联网而来的"虚拟世界认同"。数码形式的思想、比特形式的货币和全息投影的人物等网络形态都将我们所生存的三维世界进行了降维和简化。其结果就是,人们在观念层面上接受了虚拟的、平面的、线性的甚至数字化的身体。我们在网上使用的头像、"颜文字",原本只是个人的网络代号、识别 ID,但如今,网名已经具备和姓名一样的重要性。昵称可以用来衡量个人情绪和称呼者与本人的亲密度，连虚无缥缈的网络财产都可以被转让和继承。这些网络身份标识与二次元的图像化人格不谋而合，为人们接受二次元身份、理解二次元世界提供了认识过渡的和哲学的基础。可以说，二次元文化基于互联网的虚拟世界观。

随着数字媒介对现实的深度介入，社会生活的这种虚拟化进一步加深。按照韦尔施的看法，当下现实是由媒介塑造与传达的，"真实"必须经由"审美"表达，"在现实的贸易中，美学成了新的主要硬通货"①。这里所说的"审美"主要是指虚拟性。与生活的虚拟化相对应，二次元的说法也指出了现代人对虚拟世界、人工环境的沉浸倾向。相比沉重的现实世界，虚拟世界、虚拟角色显然更为完美与理想化，也更容易让人沉浸上瘾。

因此，人们往往认为二次元文化是脱离现实的，这种文化对"世界"的虚构似乎都是"架空性"的，不管是游戏、动漫还是二次元小说，往往都充满了对异世大陆、魔法位面、人神混杂、平行穿越的描写。有些学者称其为"异托邦"，言下之意是这些描写脱离了"正常""主流"的空间与现实——不过这可能只有部分正确。由于二次元文化与虚拟世界的密切关系，假如我们把虚拟生存、网络生存看成是一

---

① 沃尔夫冈·韦尔施：《重构美学》，陆扬、张岩冰译，上海译文出版社 2002 年版，第 115 页。

种新的生存状态与新的现实，那么二次元文化并没有脱离现实，不如说它是以二次元的方式表现了三次元的新现实。

华莱士·马丁认为："文学批评家很少屈尊去研究的通俗的、公式化的叙事类型，如侦探小说、现代罗曼司、西部电影或小说、肥皂剧等，如果它们的无意识内容能够被发现的话，它们也许会提供一些有关我们社会的有趣信息。"① 詹姆逊同样重视对商业电影等大众文化的分析。表面来看，商业电影似乎难以生成真正的政治内容，但我们不能停留于电影制作人的意向，而应将"日常生活的政治内容以及已经内在于这种原材料的政治逻辑纳入考虑范围"②。也就是说，它并不会表现为"明显的政治信息"，但包含着无意识的日常生活逻辑。比如在《炎热的下午》中，阶级结构在索尼、警察头目和联邦调查局特工之间的三角关系中得到曲折表达，分别隐喻城市中正在"无产阶级化"和边缘化的小资产阶级、地方街区各种疲软的权力结构，以及多国资本主义，该电影由此构成了"当代大众文化中的阶级与寓言"。对二次元文化来说也是如此，观众、读者需要透过其虚构表象去理解深层的社会现实。二次元文化表层内容之下潜伏着数字媒介带来的新现实，即网络社会的虚拟生存。媒介并不只有工具层

---

① 华莱士·马丁：《当代叙事学》，伍晓明译，北京大学出版社 2005 年版，第 10 页。
② 詹姆逊：《当代大众文化中的阶级与寓言：作为一种政治电影的〈炎热的下午〉》，载王逢振主编：《詹姆逊文集 第 3 卷 文化研究和政治意识》，蔡新乐等译，中国人民大学出版社 2004 年版，第 89 页。

面的作用，还引入了新的关系，带来结构性的社会变革。比如，电话不仅让人们可以远距离交流，而且拓展了谁可以与谁交谈的界限，危及了阶层关系，它还改变了求婚的模式以及生成风流韵事的种种可能。与之相比，数字媒介对社会生活的影响更为突出，这是存在论的深刻转移："通过数字符号的存在论转移在虚拟实在中已成为一种完全够格的、挑衅性的、具有可替代性的实在。"[①] 数字媒介并不是存在于现实之外的赛博空间，而是体现为对日常现实的重构与编码。新的社会现实生成了虚拟生存经验。这既指数字媒介带来新的意识结构、情绪感知与想象方式，又指传统生存经验经过数字媒介浸染与改造后产生新质。如同詹姆逊对政治无意识的分析一样，虚拟生存经验并不必然表现为文艺生产者的明确意识，而是内化于作为原材料的网络日常生活之中，成为二次元文化深层的存在无意识。

　　我们认为，二次元文化的生成与强化的部分原因正是数字化社会形成了整体意义上的超越性生存氛围，这不只是幻想，更是生活虚拟化的投射。幻想仍是主体生发的产物，虚拟则是整体环境的变化导致的意识改变，或者说，这恰好不是对现实的脱离，而部分是以二次元呈现的新媒介现实。剥

---

① 迈克尔·海姆：《从界面到网络空间——虚拟实在的形而上学》，金吾伦、刘钢译，上海科技教育出版社 2000 年版，前言（该书"前言"没有具体页码——引者注）。

离开各种二次元叙事的表象，背后展现的正是数字化社会的崛起。社会的虚拟化不仅表现为人类世界的一部分转化为赛博空间、虚拟环境，也表现为数字技术对日常生活的"殖民化"。互联网遍及世界，硬件与软件带来的虚拟空间、虚拟时间重构了现实，生成了虚拟性与日常性相结合的新媒介现实。这并不是鲍德里亚所说的仿像，仿像让现实消失不见，而这种虚拟维度却具有可生存性，其是数字化社会的虚拟生存。如同荷兰学者约斯·德·穆尔所说的："不同于鲍德里亚，我们不应该把虚拟现实想象为现实消失的一种形式，而应当视之为另一种现实的展开。"[①]虚构不再是对现实的逃避，而是创造了一种异质现实，这不仅导致事实与虚构之间不再清晰可辨，也导致日常现实日益按虚拟性的维度进行改造。

这种虚拟性与日常性相交织的新媒介现实必然影响人们的生存体验。马歇尔·麦克卢汉"媒介即信息"的说法，表明媒介会深刻影响信息的内容和使用者的思想过程，而当它构成了一种可生存的媒介时就更是如此。媒介不是透明的，人们体验现实的方式部分由媒介建构现实的方式所决定。如果说自进入现代社会以来，虚拟要素往往只是点缀，其基底仍是稳定而固化的物质世界观，那么对数字化社会来说，虚

---

① 约斯·德·穆尔：《赛博空间的奥德赛——走向虚拟本体论与人类学》，麦永雄译，广西师范大学出版社 2007 年版，第 150 页。

拟性却构成生存的一部分，这必然导致人们对世界与人的观念的改变。

　　这种对世界与人的虚拟感受并不一定是明确的观念，其往往呈现为人们的存在无意识。对于这种存在无意识，我们可以说它有些类似布迪厄所说的"习性"（habitus）。布迪厄提出"习性"理论是试图摆脱解释行动的客观主义与主观主义倾向。客观主义常常把行动解释为毫无主体性的机械反应，主观主义则把行动理解为个体自我谋划的产物。前者如列维－斯特劳斯、阿尔都塞，倾向于废除"行动者"的结构主义，后者则如萨特，倾向于高扬主体、强调自由选择的存在主义。为了避免非此即彼的选择，布迪厄用"行动者"（agent）取代了"主体"（actor）的概念，强调个体认知结构与社会结构的深层关联①，由此试图超越个体与社会、主观主义与客观主义的对立。对网民来说，他们实际上也生存于各种网络制度与自我选择之中。互联网是交互型媒体，突出了主体的介入与操控，这似乎高扬了主观主义，但这种选择又深受网站、论坛或 App 设定的网络规则的制约（其中涉及资本、权力等各种因素）。这些网络制度裹挟与改造了日常生活，构成了结构主义式的象征系统，统摄了现代个体，并恰

---

① 　参见皮埃尔·布迪厄、华康德：《实践与反思——反思社会学导引》，李猛、李康译，中央编译出版社 1998 年版，第 14 页。

好通过个体不断的操控与点击而内化于人的身体，形成"习性"——这也正是数字媒介与影视等视觉媒体的根本区别。[①]正是经由不断的操控，虚拟生存经验内化为存在无意识。实际上，随着数字媒介对日常生活的全面植入与改造，虚拟生存经验已成为现代人普遍的心理结构与潜在的思维框架，构成了规范社会群体思想与行为的一整套文化环境。

[①] 黎杨全：《中国网络文学与虚拟生存体验》，中国社会科学出版社 2021 年版，第46 页。

第三节
二次元民族主义

在早期的网络民族主义之后，互联网上又兴起了二次元民族主义，这是民族主义的新形态。早期网络民族主义的参与者多为"愤青"，他们是网络移民；而二次元民族主义的主体是网络土著，他们自小熟悉动画、漫画、游戏与轻小说等 ACGN 文化，在情绪表达上更少愤怒，更多"萌化"特征。二次元民族主义比较典型的例子是军事励志题材动漫作品《那年那兔那些事儿》（以下简称《那兔》）的走红。《那兔》最早是由军迷网友"逆光飞行"（林超）创作、2011 年开始在网上连载的漫画，以兔子等各种"萌化"角色，讲述了一群兔子在种花家通过艰苦奋斗，逆袭为蓝星最强五势力之一的故事，其实际上表现的是中华民族在中国共产党的领导下自力更生、实现强国梦的过程。这部漫画很快在中文"宅圈"流行起来，并在 2015 年被改编成动画，影响力扩展到全社会，受到官方与主流媒体的认可，《人民日报》、共青团中央等在网上推荐，陆军政治工作部也参与到《那兔》第四季的制作中。

　　二次元民族主义的兴起似乎让人诧异，它与人们一般想象的二次元文化远离社会价值的刻板印象有所不同。本尼迪克特·安德森认为民族共同体的形成依赖于想象，是一种特殊类型的文化的人造物。这种观点指出一个事实，我们无法面对面地目睹民族的全体，共同体意识的建构需要借助想象："它是想象的，因为即使是最小的民族的成员，也不可能认识他们大多数的同胞，和他们相遇，或者甚至听说过他们，然而，他们相互联结的意象却活在每一位成员的心中。"①民族共同体让素不相识的人们感觉拥有许多共同的事物与时刻，这种"共同"的感觉一直存在，即使并未目睹，但不妨碍共享同一世界、同一时刻的心理认同。在想象中，世界有条不紊地运行，人群则川流不息。民族是想象的政治共同体，这种说法绝非否认民族存在的客观性。想象并非虚假意识，而是社会心理学意义上的社会事实。不过在后现代的消费语境下，现代民族国家"想象的共同体"面临着一定的危机，这包括了主客观条件的变化。从主观方面来说，在后政治（post-politics）语境中，人们对宏大叙事的热情有所减退；从客观方面来说，数字媒介改变了时间感受，传统印刷文化的共享时间面临冲击。

---

① 本尼迪克特·安德森：《想象的共同体——民族主义的起源与散布》，吴叡人译，上海人民出版社 2005 年版，第 6 页。

　　人类作为一个物种，面临着生命的脆弱与世界之偶然性的威胁。在传统社会中，人们借助宗教或社会对抗宿命，给出解释与答案，将其转化为生命的连续性与意义世界。随着启蒙运动和理性世俗主义对世界的祛魅，宗教信仰开始退潮，现代人需要以世俗的形式重新将虚无转化为连续，将偶然转化为意义，而民族的概念有助于完成这一使命，这也是现代民族国家的社会心理功能之一。但随着后现代社会、消费社会的兴起，按照利奥塔的观点，传统的大叙事受到了冲击，不管是借助知识获取进步的启蒙元叙事，还是通过"精神"（geist）辩证法在自我异化中得到解放的黑格尔式纯理论叙事，都已走向衰微。这也就意味着民族共同体这类大叙事在后现代社会遭遇挑战，特别在西方国家，两次世界大战早已动摇了人们对国家、民族的信仰，让他们对民族主义可能带来的社会后果保持警惕，而消费社会的崛起又进一步减弱了人们对共同体的热情。

　　在利奥塔的基础上，结合御宅族文化，日本学者大冢英志与东浩纪对此做了进一步论述。大冢英志认为人们对大叙事的热情转移到了亚文化中，生成了虚构的大叙事。不同于鲍德里亚所说的符号消费，御宅族是一种物语消费（故事消费），在一集集的动漫、影视背后表现的是由设定、元素汇聚而成的大叙事，类似游戏中的程序。它是不可见的存在，承担大叙事的寓言功能，是对传统大叙事的捏造与弥补。在大冢英志的基础上，东浩纪认为物语消费又走向了数据库消费（或译资料库消费），不仅大叙事终结，虚构的大叙事同样终结了："在 70 年代失去了大叙事，在 80 年代迎向了对失去的大叙事进行捏造的阶段（故事消费），紧接着在 90 年代连捏造的必要性都放弃了，迎接单纯渴望资料库的阶段（资料库消费）。"[①] 从御宅族文化来看，在没有他者的充足社会，人们对人性化的优越愿望不再感兴趣，而成了动物般的存在。东浩纪的看法借鉴了亚历山大·科耶夫对黑格尔主奴辩证法的阐释。科耶夫分析了黑格尔对人与动物的区分。动物的需求针对特定的对象，遵循"欠缺—满足"模式，人的欲望总是主体间性的，欲望着他者的欲望，"其中一个必定是被承认的实体，另一个必定是承认的实体"[②]，这种主体间性的欲望构成了人类的历史，人们为获取相互的承认而展开殊死搏斗。然而在第二次世界大战后的美国式消费社会中，现代人成为吃喝玩乐的动物般的存在，不再热衷于大叙事。日本社会的物质发展也带来了这种倾向，御宅族成了动物化的生存："御宅族面对作品的态度正在动物化；按照'欠缺—满足'这单纯的理论在行动。"[③] 他们对碎片化的萌要素感兴趣，沉浸于

---

① 东浩纪：《动物化的后现代：御宅族如何影响日本社会》，褚炫初译，大鸿艺术股份有限公司 2012 年版，第 82 页。
② 亚历山大·科耶夫：《黑格尔导读》，姜志辉译，译林出版社 2005 年版，第 10 页。
③ 东浩纪：《动物化的后现代：御宅族如何影响日本社会》，褚炫初译，大鸿艺术股份有限公司 2012 年版，第 142 页。

数据库消费。东浩纪认为，现代社会是树状世界，从小故事（微小的共鸣）回溯到大叙事（强大的共鸣）之间的线路依然存在，共鸣的力量是开创社会的基本要素。然而，"在后现代主义的资料库世界，强大的共鸣已不存在。现在大部分的御宅族系作品，很明显是作为动物化处理的道具而被消费着"。在此情况下，人们面对的是"没有强烈共鸣的社会"。①

虽然利奥塔、大冢英志与东浩纪主要是针对西方这些发达国家而言，但类似中国这样的发展中国家，经过近几十年经济的高速增长，以及数字媒介对社会的虚拟化，不少青少年也具有动物化生存的特点。比如随着二次元文化的广泛兴起，人们热衷于"玩梗"与数据库消费，回避现实的社交，沉迷于"宅文化"，以及社会上流行的"佛系青年""草食动物""躺平"等说法，都表明了这种倾向。这必然会对中华民族共同体意识的建构产生一定冲击。

从客观情况来看，共同体想象所依赖的时间节奏在数字时代也发生了变化。在传统社会中，时间与自然节律具有统一性，时钟的发明改变了这种关系，时间开始同质化，呈现出机械性与量度性，契合了工业生产的需求，这对人形成了某种强力制约："工业上的配置是一种时间节约的命令，它

---

① 东浩纪：《动物化的后现代：御宅族如何影响日本社会》，褚炫初译，大鸿艺术股份有限公司 2012 年版，第 144—145 页。

须得将人按照机械的定调来塑造。"[1] 电视媒体的兴起又让同质化时间甚至进入了日常生活，定时定点的节目对所有人都形成了束缚。不过单一时间却有利于形成"想象的共同体"，正是定期化的时刻将人们的生活节奏同步化，提供了想象的基础。传统社会也会形成一种同时性，不过在这种同时性中，事件并非基于时间或因果链条，而是垂直关系，按照"神谕"的启示而被联系起来。这种同时性类似于本雅明所说的"弥赛亚时间"，一种过去和未来汇聚于瞬息即逝的现在的同时性。在这种看待事物的观点中，钟表式的时间没有真正的意义，"弥赛亚时间"是一种神启时间。与之相比，现代社会的同时性是本雅明所说的同质的、空洞的时间，这种由时钟与日历所测量的时间上的一致集中表现在 18 世纪的小说与报纸的基本结构之中，给民族共同体的想象提供了技术手段。报纸的日期，作为一种标记，提供了最根本的联结与暗示功能，在时间之下，"世界"正稳定有力地向前发展。报纸上提到的事件或地点，即使再也不在报纸上出现，想象功能也仍向读者保证了它们的持续性。这种情况在电视媒体中得到了延续，定点节目生成了共享时间，营造了整个国家的民众一起看电视的幻觉。

---

① 韩炳哲:《时间的味道》，包向飞、徐基太译，重庆大学出版社 2018 年版，第 189 页。

　　不过数字时代的兴起改变了这种时间节奏，传统刻板、空洞的钟表时间变得缓和了，时间可以重置（如游戏中的存档重来），影视节目也改变了定时定点的播放方式，人们可以反复循环观看。时间也碎片化与日常化了，人们可以用手机随时随地观看节目，这都破坏了传统的同时性。

　　这种时间节奏也让文艺产生了相应的变化。日本学者福岛亮大曾指出这一点，他以电影《科洛弗档案》与动画《无尽的八月》（又译《漫无止境的八月》）为对照来说明这种变化。电影《科洛弗档案》在2008年上映，表现了数字媒介带来的新时间。电影的内容是好莱坞影片惯有的灾难景象，但特殊的地方在于，世界的灾难影像是由一对情侣用手持摄像机偶然拍摄下来的，因此电影呈现出日常纪录片的痕迹，而这种情况显然与当下视频分享网站上网友的日常分享属于同一原理，表现的正是网络时间节奏在电影中的投射。拍摄电影的手持摄像机也表现了数字时代移动设备的随身性与日常化，而在影片中还出现了这对情侣存放于摄像机中的日常影像，这也与人们平时自拍、晒照的网络习惯相一致。因此，《科洛弗档案》表现的是数字时代的活性时间："如今无数的影片早已推翻从前那种以'日'为单位来发表的安定节奏，占领了资讯空间的现况。"[①]与之相对的则是2009年日本拍的

①　福岛亮大：《当神话开始思考：网路社会的文化论》，苏文淑译，大鸿艺术股份有限公司2012年版，第95页。

动画《无尽的八月》。让人惊讶的是，这部动画共八集，每集的剧情几乎一模一样（但分镜头不一样），观众连着看了八遍近似的内容。而这可视为传统媒体对网络时间的挣扎与反抗，因为在动画播放期间，网络上会出现大量的评论、剧透与二次创作，人们时刻都在曝光与讨论剧情。在此情况下，《无尽的八月》奇特的制作方式是对传统时间节奏的留存，意图维持"时间条件"这条支撑动漫成立的要素，构成让其再安定化的手段。[①] 换言之，它试图提升自我表达的图像性，摆脱被无所不在的二次创作遮蔽的命运。

这种时间节奏说明，传统的小说、报纸与电视那种定时定点的消费已经难以为继，共享时间越来越少，每个人都在碎片化生活中自由地支配观看或阅读的时间，这显然也会冲击"想象的共同体"。而大数据挖掘又进一步破坏了同时性。所谓大数据，也就是网友海量的网络痕迹，数据挖掘会根据网友留下的数据痕迹推测其相关的喜好，并针对性推送相关内容，传统"大一统"的节目观看消失了，取而代之的是各种因人而异的个性化消费。这带来的社会后果是，人们虽然表面上聚在一起，看到的却是各自感兴趣的内容，这就是特克尔所说的"群体性孤独"，这种现象会让文艺消费的同时

---

① 参见福岛亮大：《当神话开始思考：网路社会的文化论》，苏文淑译，大鸿艺术股份有限公司2012年版，第104页第26条注释。

性进一步丧失。

如前所述，利奥塔认为大叙事已然终结，大冢英志认为大叙事转移到了亚文化中，成为虚构的大叙事，东浩纪则认为虚构的大叙事也难以成立，人们成为动物化的存在。换一种说法，也就是世界进入了后政治语境——在后现代的丰裕社会中，消费主义、市场主义成为潮流，而政治热情有所淡化。后政治化趋势又似乎尤其体现在二次元文化的参与群体身上。二次元文化似乎远离现实政治，它在文化属性上与朋克、嬉皮士、光头党那种离经叛道、招摇过市的反抗不同，更强调内部的"宅化"与收缩，摆脱日常人际关系，追求治愈与爱，成为远离现实的异托邦或飞地。这类人群的确在一定程度上体现出东浩纪所说的动物化特点，具有强烈的消费意识和娱乐化倾向。而公众对二次元文化人群的看法也相对负面，往往带有歧视与偏见，认为他们不爱社交、逃避现实，是沟通不全的特殊人群，或者说，在二次元的文化世界与三次元的现实社会之间形成了难以逾越的壁垒。就中国的二次元文化人群来说，他们受到日本 ACGN 文化的影响，但由于中日之间的历史遗留问题，以及日本右翼的恶劣行径，在社会舆论层面他们的喜好面临一定的合法性危机，这就让二次元人群更加有意识地远离社会现实，以摆脱外部的社会压力。

二次元世界与三次元现实之间的这种障碍，往往被称为"次元壁"。既然二次元文化的人群被看成是"非人"（动物）

般的存在，那么似乎也就难以生成现实政治关切的可能性。但通过前面的研究可以发现，这类消费主义的、类似动物化生存的人群，并非远离政治，而是恰好表现出强烈的爱国主义与民族情怀，呈现出后政治语境的政治化倾向。显然，我们需要超越政治与非政治的僵硬区分，改变对现实政治的想象方式。或者说，主流文化与次文化之间的破壁，在深层表现的正是后政治语境中次文化的某种政治可能性。

可以发现，二次元民族主义恰好将二次元文化与三次元的现实结合起来，或者说人们是以二次元的方式来表征三次元，将对偶像的热爱与对国家民族的认同联系起来，以爱偶像的方式去爱国家，比如他们亲切地称入驻 B 站的共青团中央为"团团"，将民族主义"萌化"，将二次元文化"虐"的属性与民族的危机相联系，将"燃"的属性与理想主义、牺牲精神相衔接。这表现了新的情感模式，也将抽象的国家概念具象化了。

二次元文化中消费化的主体表现出现实的政治关切有多方面原因。近现代中国遭受西方列强欺辱的历史、国家对二次元文化爱国主义的引导与提倡、视频网站以市场力量促进二次元文化的主流化等，都是重要因素。但这些政治、经济与历史情况在传统语境中也部分存在，人们之间的媒介交往，特别是社交媒体兴起后的数字交往，强化了民族共同体的想象，促成了二次元与主流社会的连接。东浩纪认为，后现代社会中的人类成了动物化的存在，对大叙事漠不关心。这种判断有一定道理，但仔细思考可以发现他忽视了交往的重要性。东浩纪将现代社会与后现代社会进行对照，认为现代人类是故事型的动物，他们拥有人类固有的对于"生存意义"的渴望，同样也透过人类固有的社交行为得到满足，并能够将小故事与大叙事之间的相似处连接起来。但是后现代的人类已经无法经由社交来满足对于"意义"的渴望，反而因为还原到动物性的需求而充满孤独，整个世界都是物质的，所有生命都是无意义的漂流，变成了一种"非社会、孤独且动物化的处理方式"①。虽然人与人之间也有社交，但社交是形式化的，只保留着形骸化的人性。东浩纪在撰写《动物化的后现代：御宅族如何影响日本社会》这本书的时候，针对的对象主要是日本御宅族孤独"宅化"的生活，还没有预见到社交媒体会带来如此强烈的社会影响。虽然中国的二次元文化也部分地带有后现代特征，但人们之间的数字交往，一定程度上促成了政治性。

如前所述，民族共同体是一种想象的政治共同体，人们虽然不能面对面，但对于共同体内部的其他人，对于他们稳定的、匿名的和同时进行的活动，却抱有完全的信心："一个

---

① 东浩纪：《动物化的后现代：御宅族如何影响日本社会》，褚炫初译，大鸿艺术股份有限公司 2012 年版，第 145 页。

社会学的有机体遵循时历规定的节奏，穿越同质而空洞的时间的想法，恰恰是民族这一理念的准确类比，因为民族也是被设想成一个在历史中稳定地向下（或向上）运动的坚实的共同体。"[1] 数字媒介虽然改变了时间的定期化，却带来了"数字交往"这种新的交往形式，各种论坛、聊天室的兴起集中表现了这一点。数字交往在一定程度上有助于民族共同体意识的形成，这表现在四个方面。一是论坛常常包含了对国家、民族、军事的讨论，这种内容本身能够生成民族主义，比如早期网络民族主义就产生于当时的各种军事论坛。二是讨论能够形成一种同时性，对一个话题的跟帖不断衍生，营造出无数人参与的效果，这正是想象共同体得以成立的新的媒介条件。三是论坛讨论的话题总在更新，这让它具有报纸的新闻性，形成了定期化的时间节奏。在印刷文化语境中，报纸被看成是书籍的一种极端的形式，一种大规模出售，但只是短暂流行的书。也就是说，它具有容易作废的特点，而这一点"创造了一个超乎寻常的群众仪式：对于作为小说的报纸几乎分秒不差地同时消费（'想象'）"[2]。不同于时间连续的流逝，报纸只会在这一天而非另一天被消费掉，从而客观上让

---

① 本尼迪克特·安德森：《想象的共同体——民族主义的起源与散布》，吴叡人译，上海人民出版社 2005 年版，第 24 页。
② 本尼迪克特·安德森：《想象的共同体——民族主义的起源与散布》，吴叡人译，上海人民出版社 2005 年版，第 31 页。

人们养成了同时阅读的习惯。网络论坛的帖子也渗透了这一原理，尽管有置顶的精华帖，但大多数帖子需要及时阅读，否则就有可能"沉"了，这同样具有类似的时间性。四是"想象的共同体"开始可视化了。网络跟帖让我们能够看见其他人的发言，这让大家确信每个人都在阅读一模一样的帖子，确信想象的世界就植根于日常生活中。总之，数字交往让虚构性与想象性持续地渗透到现实之中，创造出人们对一个匿名的共同体不寻常的信心。

在有些学者看来，数字交往促成的现实政治可能只是一种话语政治而难有现实效果。比如美国学者乔蒂·狄恩对数字交往的指责。在哈贝马斯交往理性的基础上，狄恩提出了"交往资本主义"（communicative capitalism）的概念。她认为社交媒体的政治只是话语的政治，远离了现实中真正的政治。也就是说，数字时代虚拟与现实的两种政治走向了分裂。网上的话语政治构成了一种幻象，缺乏实际的功能，用她的话来说，就是交往资本主义的民主的象征价值吞噬了使用价值。在她看来，传统的传播学理论重视信息传播的内容，关注信息发出后是否准确地传达给了接受者，但现在情况有了变化，交往资本主义关心的不是内容，而是流量，信息的使用价值转向了交往价值。贡献流量只需要加入即可："我们贡献了我们的意见，加入流量内容当中。而贡献流量的加入性特征依赖于基本的交往等价规律。作为贡献，每一个讯息在交往上等同于其他讯息。"①这就让社交媒体的讨论往往沦为话题炒作，而无现实的作用。在此意义上，政治问题变成了贡献流量的问题，这就遮蔽了真正的政治。

不过，狄恩对交往性的看法过于消极，数字交往也能产生现实的后果。以二次元民族主义为例，在2015年动画电影《西游记之大圣归来》的放映过程中，出现了所谓的"自来水"现象，即网友自发地利用社交媒体进行宣传，并使这部动画最终获得9亿多元的票房。这部电影并不是纯粹的民族主义作品，但在网友心中代表着中国美术片在与其他国家动画竞争中的发展，同时孙悟空也具有民族符号的意味，因此支持《西游记之大圣归来》表现的是网友的民族情感。同时，二次元文化也可以由线上转到线下，人们结成现实中的好友并采取集体性的行动。在此意义上，社交媒体带来的交往讨论并不只是一种话语政治，或者说，正是对二次元文化的情感投入，让这种对国家和民族的认同变得更为强烈。越是二次元的，反而越是大叙事的。从这里也可以看出，传统文化研究往往将主流文化与亚文化之间的关系看成支配与从属、抵抗与服从的二元对立关系，但亚文化的实际情况可能比较复杂，既不是抵抗，也不是服从，而是主动认同或结

---

① 参见 Jodi Dean, "Communicative Capitalism: This is What Democracy Looks Like", in Joshua S. Hanan and Mark Hayward eds., *Communication and the Economy: History, Value and Agency*, Peter Lang, 2014, p.153.

合的可能。

　　显然，后现代社会的动物化生存与大叙事并不是非此即彼的关系，也有某种现实的关切与政治可能性。这里就存在超越传统政治想象的可能，人们总是将二次元文化群体看成非人般的存在，但恰好人们应该摆脱政治与非政治的二元区分逻辑，在消费社会的语境中，在个人忠实于欲望的前提下，去探索公共性、社会性的可能。如果说近代以来的政治理论都预设了内部与外部、自我与他者的严格区分，消费化主体身上呈现的二次元民族主义则为重新思考政治可能性提供了新的启示。民族共同体意识的建构可能不再只是依靠传统的印刷文学或大众传媒，也需要依靠次文化领域。

　　不过，狄恩的说法也有一定道理，由于二次元民族主义是二次元与三次元的结合，并不能完全等同于三次元的现实政治，因此它也存在一定的问题。比如，借用二次元文化"萌化"现实政治，让政治娱乐化了。而突出的问题是，它也可能因数字交往而走向极端，沦为狭隘或极端民族主义。民族是有边界的："民族被想象为有限的，因为即使是最大的民族，就算他们或许涵盖了十亿个活生生的人，他们的边界，纵然是可变的，也还是有限的。没有任何一个民族会把自己想象为等同于全人类。"① 社交网络的趣缘性强化了固有的身

---

① 本尼迪克特·安德森：《想象的共同体——民族主义的起源与散布》，吴叡人译，上海人民出版社 2005 年版，第 6—7 页。

份与区隔，表面上人们在网上可以随意冲浪，但实际上容易形成圈层化现象，减少了向"他者"敞开的机会，而二次元文化的圈层逻辑与民族主义的边界划分具有相通性，由此在国家民族问题上易于走向非理性。

为了突破狭隘民族主义的局限性，二次元文化需要走向他者、理解他者。二次元文化应充分利用数字交往的媒介条件，摆脱圈子化，走向更大的交往性，既培育爱国主义精神，也理解异域文化，构建人类命运共同体。数字时代的文艺可利用交往性，形成正确的民族价值观与人类命运共同体意识。2017 年的游戏《尼尔：机械纪元》表现了这种交往性。该游戏的 E 结局颇有意思。在这一结局中，玩家的任务是进行难度很大的飞机射击游戏，此时屏幕上会出现陌生玩家们的留言鼓励，而这些留言来自世界各地的玩家。最后，当玩家因难以过关而决定接受帮助时，不仅游戏的背景音乐由独唱变成了合唱，还出现了一群飞机保护玩家完成任务。在走向游戏最后的结局时，系统会让玩家做选择，是否愿意救援其他人，救援其他人所需付出的代价是系统会删除其游戏记录。此时玩家才意识到，先前那些因救援他而被击落的飞机，其实就是其他玩家，而他们的数字生命（存档数据）已被终结（删除）。在系统不断询问"你仍愿意拯救某个素不相识的人吗?"时，玩家被彻底感动了，他也做出了自我牺牲的选择，试图与其他玩家共同奋斗，一起完成任务，避免其他玩家的数字生命消失，而这正契合了游戏中"人类的荣光永存"这一故事主题的真正内涵：游戏中，在人类已经灭亡的情况下，人类的荣光却正表现在团结与奋斗的永恒精神上。这部游戏充分将游戏性与交往性结合在一起，让世界各地的玩家留言互相鼓励与互相帮助，在一定程度上诠释了人类命运共同体的精神。

从民族共同体到人类命运共同体，在数字时代的交往活动中，人们应既尊重民族差异，也追求人类命运共同体的普遍性，促成各国人民的互相理解。可以说，在小说、报纸、电视的消费渐渐消失后，社交媒体已经成为生成共同体想象的重要途径。数字时代的文艺可以充分利用社交媒体，生成讨论性的议题，通过客观理解每一个独特的民族认同形成的历史过程与机制，真正摆脱傲慢偏执的民族中心主义，寻求世界各民族的共存之道。

第四节 •
二次元的沉浸与跨次元的消费 •

　　从文艺活动与消费机制来看，二次元概念常常预设了消费者对作品的孤独沉浸，他们似乎总是孤独地沉溺于动漫世界中，而缺乏社交生活。这也有些道理。比如 ACGN 特别强调"代入感"。所谓"代入感"，就是让消费者体验到自己是主角的感觉，由此沉浸于故事世界。在此意义上，这种沉浸的确是二次元的。不过数字时代的消费者并非印刷文化中的被动受众。数字媒介带来了操控性与交往性，操控性让人们不断退出剧情，交往性把人们连接在一起讨论聊天，这让二次元受众不断出入于虚构与现实之间。不管是网络文学、动漫还是游戏，情况都是如此，"越界"时常发生。这种情况实际上意味着消费活动范式的转换，类似于瑞安所说的从"文本作为世界"（the text as world）转向"文本作为游戏"（the text as game）。①如果说"文本作为世界"侧重故事"世界"的营造，追求的是二次元式的幻觉沉浸，那么"文本作

---

① Marie-Laure Ryan, *Narrative as Virtual Reality: Immersion and Interactivity in Literature and Electronic Media*, Johns Hopkins University Press, 2001, p.175.

为游戏"强调的就是用户对文本的"游戏",不断打破幻觉。显然,数字时代充分凸显了这种游戏性。在这里,"游戏"包含了操控、交互、组合、玩耍等意思。消费者的文艺活动不再是一味沉浸,而是边看故事边游戏,不断破除沉浸。如果说沉浸体现了消费者的被动性,那么"游戏"就体现了数字时代用户的主动性。因此,消费者总是在二次元与三次元之间不断转换,是跨次元的消费。

在社交媒体广泛兴起后,跨次元的消费表现得更加明显。这表现在前面提到的弹幕文化之中。社交媒体带来的弹幕文化充分佐证了这一点。在弹幕文化中,消费者观看一段剧情,然后发出弹幕,分享给其他消费者,频繁地在故事与故事外的现实、个人沉浸与群体性交往之间切换。弹幕喜剧效果的生成,其关键也在于不断将剧情与现实、个体代入与集体互动相联系的活动机制。而在故事情节的重要时刻,消费者们往往会群发弹幕,给主角送去安慰与鼓励,这产生了虚构中有现实、现实中有虚构的跨次元的夹套关系:一方面消费者似乎集体介入了故事之中,利用故事外的现实给故事内的主角送去了温暖;另一方面消费者又一起从故事内的弹幕中感受到了故事外观众之间的温暖。

这种情况与中国传统文艺的欣赏机制有些类似。"跨进跨出"是中国艺术的特点。比如,中国小说时常有人物视角与说话人视角不断转换的干预叙述。干预叙述在西方也存在,但并未成为一种叙述程式，有些西方学者因此认为这是中国的固有传统。[①] 中国戏曲也有同样的特征，如剧中"自报家门"、上场诗、下场诗、诗云、词云、背云、断云等。以背着台上角色与观众交流的"打背供"为例，照戏谚的说法，这是一种"钻进去、跳出来"的表演。齐如山认为："背供这件事情，为国剧之特点，乃东西各国戏剧都没有的动作，亦为研究写实剧者所不满。"[②] 这指出了中西戏剧的差异。在相当长一段时间里，西方戏剧以营造生活幻觉为目标，虽然"第四堵墙"是 18 世纪狄德罗在《论戏剧诗》中提出的，但设立把观众和演员分开的"墙"一直是西方戏剧的多数惯例。贝·布莱希特谈到中西戏剧的不同："中国戏曲演员的表演，除了围绕他的三堵墙之外，并不存在第四堵墙。……这种表演立即背离了欧洲舞台上的一种特定的幻觉。"[③] 他提出的"间离效果"，如角色向观众说话，插入歌唱、字幕、幻灯等，正是受中国戏剧"跨进跨出"的启发。跨层在中国的评书、评话、鼓曲、唱曲、相声等曲艺表演中也相当常见，戏谚所谓"一人多角，跳进跳出"，指的就是这种特点。"跨进跨出"虽然是由演员完成的，但从观众的审美体验来看，相应地生

---

① 参见赵毅衡：《当说者被说的时候：比较叙述学导论》，中国人民大学出版社 1998 年版，第 56 页第 10 条注释。
② 齐如山：《国剧艺术汇考》，辽宁教育出版社 1998 年版，第 77 页。
③ 贝·布莱希特：《中国戏剧表演艺术中的陌生化效果》，丁扬忠译，载贝·布莱希特：《布莱希特论戏剧》，丁扬忠、张黎、景岱灵等译，中国戏剧出版社 1990 年版，第 192 页。

成了介于虚构与现实、沉浸与交往之间的离散经验。"跨进跨出"的叙述程式，与说唱艺术初始对小说、戏曲的影响有关，说唱艺术是活态文化，一方面表演一个故事世界，另一方面现场的交流互动也会打破沉浸。

同样，数字时代的文艺也是活态文化，成为故事与交流、日常与虚构相结合的混杂性活动，这不是一种只局限于二次元的个人沉浸，而是不断"跨进跨出"的跨次元状态，正是"网络"这种交流互动机制带来了文艺消费活动的深刻变化。从审美机制来看，在沉浸与反思、幻觉与间离的关系上，跨次元批评不是将它们看成对立性的，而是持辩证观点，视其为可能同时存在与不断转换的状况。在布莱希特那里，幻觉与间离是矛盾的："'间离效果'与通过移情作用而产生的效果，正如水之于火，是绝不相容的。"[1] 而在中国传统艺术与新媒介文艺的欣赏机制中，移情与交流不存在严格的对立。中国戏曲在布莱希特看来是间离的，然而"装龙像龙，装虎像虎"历来是戏曲艺人的愿望，戏剧幻觉与剧场意识可以兼容。王梦生《梨园佳话》对京剧名净黄三（黄润甫）有如下一段记载：

> 黄三者，名净也。……扮戏善作老奸，最能险

---

[1] 贝·布莱希特：《间离效果》，邵牧君译，《电影艺术译丛》1979 年第 3 期。

狠。如《捉放》中之曹操，《下河东》中之欧阳方，皆使人见之切齿，恨不生食其肉。及一发声、一作势，又不能不同声叫绝。即问之座人，亦不知此时之为好为恶。[①]

观众对演出产生了沉浸，"恨不生食其肉"，但又能从剧情中跳出来欣赏其表演，"不能不同声叫绝"，两者处于模糊状态，"亦不知此时之为好为恶"。沉浸与交流之间的自如转换，也是社交媒体语境中新媒介文艺消费的普遍趋势，游戏、短视频让人上瘾，但玩家与观众也会在娱乐中娴熟地交流与评论。黄佐临认为："斯坦尼斯拉夫斯基相信第四堵墙，布莱希特要推翻这第四堵墙，而对于梅兰芳，这堵墙根本不存在，用不着推翻。"[②] 对传统艺术与新媒介文艺来说，它们不是沉浸与交互、幻觉与间离的截然对立，而是活态文化的无墙之戏。中国艺术自由转换的特点，往往被学者所诟病。以戏剧为例，按西方写实剧与"代言体"的标准来看，这似乎是艺术形态发展的迟滞。但在齐如山看来，这"实为国剧特优之点"，可以"省却无数笔墨"，"添出许多情趣"。[③] 从二次元人群习惯的弹幕文化来看，它也有这种艺术效果。

---

① 王梦生：《梨园佳话》，商务印书馆 1915 年版，第 87—88 页。
② 佐临：《漫谈"戏剧观"》，《戏剧报》1962 年第 4 期。
③ 齐如山：《国剧艺术汇考》，辽宁教育出版社 1998 年版，第 77 页。

第五节 •
走向跨次元批评 •

　　从文艺与现实的映射关系来看，二次元隐含了这样一种观念，即二次元作品世界是远离现实的，甚至是与现实相对立的。不同于真人扮演或取材于现实的影视剧，二次元世界与人物角色，往往是虚构出来的，带有很强的架空性、幻想性。因此，人们经常指责二次元文化的"架空""穿越""装神弄鬼"，认为它们脱离了现实。从文艺的价值取向来看，二次元预设了二次元爱好者不关注主流价值与社会事件，他们是宅男宅女，是类似于日本学者东浩纪所说的后现代动物，对宏大叙事（不管是社会真正的大叙事，还是亚文化中虚构的大叙事）缺乏兴趣，只是沉浸于萌要素的"数据库消费"之中。一些学者也直接套用东浩纪的这些理论来分析中国二次元受众的价值观。

　　结合二次元的发展情况来看，这些预设指出了部分事实，但都有所夸大。就文艺与现实的关系而言，各种平行穿越、"装神弄鬼"的描写背后传达的是深层的社会现实，或者说，它是以虚拟性呈现的现实性，是以二次元呈现的三次元，表现的实际上是跨次元。从文艺价值取向来看，消费者沉浸于萌要素，但这并不影响他们对主流价值与社会事件的关注，只不过往往呈现为以萌要素、娱乐性为特点的大叙事热情。显然，这仍然是二次元与三次元结合的跨次元。在此意义上，二次元概念隐含的虚拟与现实的对立、萌要素与大叙事关切的对立，都面临着困境，其背后呈现的文艺观念与思维方式会制约人们对二次元文化的理解。我们需要反思二次元概念，走向跨次元批评。当然，这并不是说当下的文艺批评都是"非跨次元"的批评，而是试图指出二次元这一概念及其预设所包含的潜在风险，在此基础上进一步明确提出"跨次元批评"，在批评实践的某些方面做出针对性调整，以推动二次元文化研究的深入。

面对这种情况，我们应走向跨次元批评，即不只是从某个次元维度来看问题，不要将次元之间看成分隔、僵化的存在，而要从次元之间的跨越来分析。

在文艺与现实的关系上，跨次元批评不是简单地判定二次元文化远离了现实，文艺批评应从表层走向深层，挖掘二次元文化深层的社会现实及艺术想象力，强调它们恰好是以虚拟的方式呈现现实，是以二次元的方式呈现三次元世界。传统批评受限于视域的"栅栏"，往往是一种直线认识逻辑，忽视了其深层内容。跨次元文艺批评关注的不是各种俗套情节与"白日梦"描写的表层内容，而是其"结构"，即由表层内容折射的想象世界、虚拟时空关系、主体的多重性与非中心化、网络社群与虚拟人际交往等虚拟生存经验。虚拟生存经验是从表层"内容"的缝隙中折射出来的，或者说，虚构或商业化本身构成了对真实的压抑与遮蔽，只有绕过直接的、显在的内容元素，才能"看见"这些"结构"。[①] 跨次元文艺批评不仅应该去发掘虚拟生存经验及其社会功能，还应考察其艺术作用。虚拟生存经验的作用是多重的，给二次元作品既带来了深层内容，又带来了文艺想象与写法上的潜在启发。

文艺批评的重要功能之一是发挥价值导向作用。批评不能只停留于阐释与理解，还应有评价。由于二次元文化拥有广泛的受众，文艺批评应关注作品的社会效应。从二次元文化与价值认同的关系来看，我们应走向跨次元批评，摆脱人文与非人文的刚性区分，引导二次元文化实现次元的破壁，以二次元的方式实现三次元的人文关怀。相关作品可能在话语特征和传播策略方面与传统不同，采用的不再是传统的刚性、正统话语，而是"萌化"传播机制，但同时也不能将现实命题娱乐化。与此同时，文艺批评也应对二次元作品中的民族主义做出实事求是的评价，既要肯定其爱国主义热情，

---

① 黎杨全:《中国网络文学与虚拟生存体验》，中国社会科学出版社 2021 年版，第 41 页。

又要指出其中存在的极端民族主义倾向。

为了实现新媒介文艺的价值关切，数字时代的文艺批评不能只注意到作品，也要注意到作品外的交互机制。跨次元批评应充分利用二次元文化的交互实践，引导人们积极参与现实的价值实践。布莱希特曾将戏剧与论坛结合，引导人们对社会问题进行争论。同时，戏剧也成为社会改革的模拟与展示，以此培育观众的主体意识，鼓励社会改造。弹幕文化是二次元文化群体讨论的重要方式，数字时代的文艺批评可充分利用弹幕讨论机制，设置媒介议程，组织与主导讨论。在保证主题严肃性的前提下，以"萌化"传播机制表达主流价值观，实现二次元文化与主流价值观的结合。

由于新媒介文艺消费处于沉浸与交互的不断转换之中，跨次元批评应充分重视这种交互实践及其对文艺作品的影响。从文艺观念来看，不应只重视作品，而应建构一种"大文艺"观，将作品与作品外的交互实践看成文艺的总体。① 实际上，对很多消费者来说，交流与讨论成为消费的重要内容。与此同时，在"大文艺"观念之下，文艺批评显然不能只限于解读作品，也要分析作品外的交互实践及其对作品的深层影响。交互实践改造了作品内部结构，生成了新的内容

---

① 黎杨全：《从"作品"到"说话"：建构数字时代的大文艺观》，《中州学刊》2022年第4期。

要素。比如，由于消费者大量的交往讨论，新媒介文艺作品内部开始数据库化了。生产者为了迎合网友的讨论，常常故意设置一个个"槽点"或"段子"，这就是所谓"弹幕思维"。这也让作品内容开始话题化了，一些作品专门引入争议性话题，即所谓"埋梗"，目的在于激起读者讨论。新媒介文艺的这些深层现象往往被研究者忽视。只有通过跨次元批评，联系交往实践才能对之进行充分阐释。

二次元的概念存在一系列困境，当下新媒介文艺更多的不是局限于某个次元，而是介于次元的跨越之中，因此文艺批评应摆脱二元对立思维，走向跨次元批评。跨次元批评突出次元之间的"跨越"，从作品虚构的表层去挖掘深层的社会现实经验及想象力，引导作品以二次元的方式实现三次元的价值认同，最终促使对二次元文化的研究从表层走向深层，由外部走向内部，推动文艺的发展。

研讨专题

1. 二次元的主要含义与特征是什么？

2. 为什么说二次元文化的兴起表现了当代社会生活的虚拟化倾向？

3. 如何理解与评价二次元民族主义？

4. 二次元的概念有何种局限性？为什么要走向跨次元批评？

拓展研读

1. 迈克尔·海姆:《从界面到网络空间——虚拟实在的形而上学》,金吾伦、刘钢译,上海科技教育出版社 2000 年版。

2. 本尼迪克特·安德森:《想象的共同体——民族主义的起源与散布》,吴叡人译,上海人民出版社 2005 年版。

3. 福岛亮大:《当神话开始思考:网路社会的文化论》,苏文淑译,大鸿艺术股份有限公司 2012 年版。

4. 黎杨全:《中国网络文学与虚拟生存体验》,中国社会科学出版社 2021 年版。

5. 黎杨全:《走向跨次元批评——对当前"二次元"概念的反思》,《中国文学批评》2023 年第 4 期。

第三章
/Chapter 3/

游戏文化

• • • • • • • •

　　游戏一直是人类生活最基本的娱乐活动之一。进入电子
媒介时代以后，游戏与游戏文化得到迅猛发展。从早期的
街机、掌机游戏到电脑游戏，从单机游戏到网络游戏，又
到"大型多人在线游戏"（Massive Multiplayer Online Game，
MMOG），再到移动游戏，游戏已成为媒介社会的重要娱乐
方式。作为现代娱乐产业，电子游戏实现了美国学者伊哈
布·哈桑所说的后现代主义的"行动、参与"（performance、
participation）美学[①]，具有强烈的沉浸感、代入感，不仅仅以
幻想的方式，更以行动、参与的方式为玩家提供了满足金钱、
权力、暴力等欲望的机会。游戏及游戏文化也对文学及文学
理论产生了深刻影响。文学向游戏取经，有利于作品改编成
游戏，产生更多衍生价值。"从媒介的角度来说，不同的沟
通模式倾向于相互借用符码。"[②] 不同的意义随机混合，从而

---

① 伊哈布·哈桑：《后现代景观中的多元论》，载王岳川、尚水编：《后现代主义文化
与美学》，北京大学出版社 1992 年版，第 130 页。
② 曼纽尔·卡斯特：《网络社会的崛起》，夏铸九、王志弘等译，社会科学文献出版
社 2001 年版，第 461 页。

创造出多面向的语义脉络，这客观上促成了文学与游戏的相互借鉴。从媒介时代文学与游戏的消费人群来看，他们在思维模式、网络习惯与兴趣爱好上，呈现出高度的重合性。在此情况下，文学与文学理论必然产生新的变化。

第一节 ●
　 ●
游戏的基本特征 ●

　　赫伊津哈给予游戏很高的地位，认为文明是在游戏中产生并作为游戏兴起并展开的。他反对解释游戏的各种心理学、生理学，认为游戏的起源并不是过剩的生命能量的转换，或者某种"模拟本能"的释放，或再简化为放松的"需要"。人类社会的伟大原创活动自始至终都渗透着游戏。举凡神话、法律、秩序、商务、谋利、涂鸦、艺术、诗歌、智慧和科学，都植根于游戏的原始土壤。也就是说，文化以游戏的形式展现出来，从一开始它就处在游戏当中。而对电子游戏来说，有些学者预言这种电脑模拟"将成为显扬人性深度的一种新美学与新艺术形式"[①]。美国国家艺术基金会（the National Endowment for the Arts，NEA）则在 2011 年正式宣称"电子游戏是一种艺术形式"。与此同时，国际上也展开了关于游戏的理论研究，并建立了"游戏学"（ludology）[②]。

---

① 马克·佩斯:《游习世纪》，蔡文英译，上海世界图书出版公司 2003 年版，第 184 页。
② ludology 这个词相传为游戏学家贡萨洛·弗拉斯卡所创，派生自拉丁语 ludus，有游戏（game）之意，弗拉斯卡用 ludology 指代研究游戏的学科。他还经营着 ludology 网站，网址为 http://www.ludology.org/。

关于游戏的特征，游戏研究专家杰斯珀·尤尔以游戏性（gameness）来概括游戏的本质特征。不同学者对游戏的特征有不同的认识，不过一般而言，他们认为游戏有如下特征。

第一，游戏有自由属性。赫伊津哈认为："一切游戏都是自愿的活动。服从命令的游戏不再是游戏：这样的游戏不过是强制而为的模仿。"[①] 游戏是一种自由活动，它与物质利益无关。游戏永远不是强制性任务，它只是在闲暇或"业余时间"进行的活动。康德也强调游戏的自由属性，并以此来说明艺术的自由属性。席勒也将游戏与劳作进行区分：劳作是功利的，是为了满足生存的需要；而游戏是多余精力的表现和欣赏。席勒强调游戏的重要意义，认为人只有在游戏的时候才能真正成为"完整的人"。

第二，游戏生成了不同于日常生活的时空。赫伊津哈认为："游戏并非'平常的'或'真实的'生活，它步出了'真实的'生活，进入一个暂时的活动领域。"[②] 游戏发生的时间和地点都与日常生活相区分，形成一个暂时而封闭的时空，人们在这个时空中按一定规则进行游戏，因此它具有隔离性。游戏创造出一种秩序，把一种暂时而有限的完美带入不完善的世界和混乱的生活当中。这表明了游戏的虚构本质。也就

---

① 约翰·赫伊津哈：《游戏的人：文化中游戏成分的研究》，何道宽译，花城出版社2007年版，中译者序第9页。
② 约翰·赫伊津哈：《游戏的人：文化中游戏成分的研究》，何道宽译，花城出版社2007年版，中译者序第9页。

是说，游戏是与日常生活相分离的。即使玩家沉迷于游戏之中，他们也能在某种程度上认识到这"不过是游戏而已"。大家都知道是在"装假"，这"只是玩玩"。游戏形成了一个在空间（游戏世界区别于现实世界）和时间（游戏必须有开始，也必须有终结）上都脱离现实的结构。

　　第三，游戏有可重复性。人们按照规则，可以不断地重复游戏。"这个重复的机制里蕴藏着最重要的游戏属性。这个重复机制不仅适用于游戏的总体形式，而且适用于游戏的内部结构。"[①] 不过游戏的重复性并不是原样重来，因为游戏跟阅读小说、观赏电影不同，它并不是自足的，而是需要玩家的参与。这种参与性、行动性让游戏永远不可能以同样的方式被重复操作，游戏者的自发行为会带来不同的游戏故事。伽达默尔还试图借鉴游戏活动的不断来回或往返重复来揭示阐释学的真理。他认为艺术作品的意义与阐释，跟游戏一样是永久开放的，存在永无止境的往复，意义永远不会终止，如同游戏永远没有真正的结局一样。游戏并不是康德或席勒所说的那种主观性，也不是主体性的自由，而是艺术作品本身的存在方式。

　　第四，游戏需要遵循一定的规则。游戏必然有游戏规则，游戏者的所有行为必须在规则的约束下展开，否则就会破坏

---

① 约翰·赫伊津哈：《游戏的人：文化中游戏成分的研究》，何道宽译，花城出版社2007 年版，第 11 页。

游戏本身。"这些规则又是游戏概念里一个非常重要的因素。一切游戏都有规则。规则决定着临时界定的游戏场地里'控制局面'的力量。游戏规则是绝对约束力,不允许怀疑。……实际上,规则一旦被打破,整个的游戏世界就崩溃了。"[①] 当游戏结束后,这些规则就宣告无效,真实的生活又继续前行。

---

① 约翰·赫伊津哈:《游戏的人:文化中游戏成分的研究》,何道宽译,花城出版社2007年版,第12页。

第二节 ●
游戏与叙事 ●

在游戏文化兴起后，特别是在电子游戏得到迅速发展之后，游戏与叙事的关系引起了激烈争论，形成了 1998 年到 2001 年间所谓游戏学与叙事学之争（ludology vs narratology）。其间主要有三种代表性的观点。

一种观点认为游戏仍是叙事。叙事可用于任何事物，多数游戏都具有故事性，都有故事介绍与背景故事，游戏与叙事也有不少共同特征。珍妮特·穆雷等学者声称"游戏都是故事"，甚至连国际象棋、俄罗斯方块这样的抽象游戏也是。① 在学术研究上，一些学者仍采用叙事学理论来阐释游戏，比如穆雷的《全息甲板上的哈姆雷特》就是此方面较早的成果。一些学者也试图将游戏的交互与叙事结合起来，并有《明天的故事：交互性娱乐的未来》《21 世纪互动叙事技巧》等专著出版。

---

① Janet Murray, "From Game-Story to Cyberdrama", in Noah Wardrip-Fruin and Pat Harrigan eds., *First Person: New Media as Story, Performance, and Game*, The MIT Press, 2004, p.2.

　　一些学者则强调游戏的独立性，认为游戏是一种新的文艺形式，它有自身固有的特点，游戏虽然与叙事有重合的地方，但我们不能用传统叙事学理论去阉割或肢解它。游戏与叙事存在诸多区别。游戏可能更重视规则而不是叙事，玩家侧重的可能也是游戏中的非故事要素，比如获胜的策略，赢得的点数、经验值，等等。游戏中的沉浸可能源于故事情节，但也可能源于其他要素，比如游戏的策略让玩家着迷，一旦进入游戏，故事往往成为背景而被遗忘，因此叙事对游戏来说并不是结构意义上的，可能只是一种手段。游戏与叙事是两套不同的美学法则。据此，学者艾斯本·阿瑟斯认为，叙事学构成了一种理论的殖民主义压迫[1]，美学并不是最适合游戏的视角，反而压迫了游戏的独立性，当务之急是建立游戏学。在他看来，电子游戏的深层结构不是叙事，而是仿真。游戏学的创立者弗拉斯卡有相似观点，他也认为游戏的本质是仿真（simulation），而不是叙述。[2]

　　尤尔同样认为游戏不是叙事，并给出了详细的理由。针对一切都是叙事，或者说一切都可以呈现为叙事的观点，他认为这是一种先验主义，尽管叙事对人类思维来说是基本存

[1] Espen Aarseth, "Genre Trouble: Narrativism and the Art of Simulation", in Noah Wardrip-Fruin and Pat Harrigan eds., *First Person: New Media as Story, Performance, and Game*, The MIT Press, 2004, pp.45-55.
[2] Gonzalo Frasca, "Simulation Versus Narrative: Introduction to Ludology", in Mark J.P. Wolf and Bernard Perron eds., *The Video Game Theory Reader*, Routledge, 2003, p.230.

在的，但这并不意味着任何事物都可以用叙事来描述，可以用叙事形式呈现的事物也并不一定就是叙事。

关于游戏都有背景故事的观点，尤尔认为实际上玩家并不能实现游戏故事的理想序列。也就是说，只有少数极为精细的游戏活动符合背景故事的理想套路，呈现为玩家日后可以复述的复杂事件顺序。

游戏与叙事具有一些共同特征，既然它们之间有共通点，这就意味着它们之间可以互相转换，在尤尔看来，很多商业电影可以包装成游戏，但反过来说，游戏改编为电影的成功范例则少得多。游戏往往是动态系统，允许不同玩家互动并产生不同结果。然而，电影不是动态系统，它是一个故事，这让模拟活动变成了具体事件。同样，假如我们叙述一款棋类游戏，这种复述将不再是游戏，如果要完成整个叙述，那么整个旅程将会无比烦琐。

在经典的叙事框架中，叙事包括故事时间与话语时间，此外还有第三种时间，即阅读或观看的时间。但对游戏来说，没有明显的故事时间、叙事时间，以及阅读或观看时间的区分。①

总之，一些强调"游戏学"的学者，认为游戏研究应该摆脱叙事主义，建立游戏自身的理论。

---

① Jesper Juul:《游戏讲故事？——论游戏与叙事》，关萍萍译，《文化艺术研究》2010年第1期。

还有些学者比如瑞安就强调一种折中意见。她想采取介于穆雷的极端叙事主义和游戏学家摈弃叙事概念之间的一个立场。在她看来，有些游戏具有叙事设计，另外一些则没有，但游戏并不排斥叙事。她认为这些反对者所依据的叙事理论，都是就书面文学而言的，属于"经典叙事学"的内容，是基于"向某人讲述某事发生"的言外行为。而她把叙事学看作一项未完成的项目，这意味着叙事学必须扩展原有的领地，以应对互动数字文本。

瑞安对一些认为游戏与叙事存在根本矛盾的观点进行了逐一反驳。

一种观点认为叙事必须将事件表征为过去，游戏却不能这么做。在言语叙事中，语法时态必然表现叙述时间（叙事时间）与所讲述事件时间（故事时间）之间的关系。电影和戏剧虽然没有语法时态来显示这种时间关系，但仍然传递着一种基本的感觉——讲述的事件并不是现在发生的。然而，在像游戏之类的互动媒介中，不可能影响已经发生的某些事情，不可能同时拥有互动性和叙述。瑞安认为，倘若回顾性姿态是原型叙事情景，那么依然有许多叙事类型并不回首过去的事件。比如，虚拟历史的反事实情景，政治候选人的承诺，宗教的宏大叙事（其最后事件，即第二次降临和最后的审判，仍有待发生），体育广播的实时叙事，等等。书面叙事使用时态来表达时间距离，但沉浸其中的读者在想象中将自己转移到过去,将之理解为"现在"而不管所用时态。因此,就实际的时间体验而言,游戏、电影、小说之间的时间性差别仅仅是表面上的。

一种观点认为游戏是模拟,而叙事乃表征。这种观点的根据是,游戏和小说、电影不同,每次玩的时候它都不一样,游戏的这种多变性与叙事性互不兼容,因为叙事本质上是表征,而多变性是所谓的模拟过程的产物。但在瑞安看来,何以游戏的多变性质使游戏没有资格成为叙事?除口头故事讲述外,故事生成程序和超文本小说也产生多变的输出。模拟意味着有个外在指涉物,但是,诸如象棋、围棋、俄罗斯方块等并不仿造它们自身之外的任何事物。瑞安认为,虽然模拟机器本身不能唤作叙事,但它的每一次运行都产生关于某个世界的意象,该世界因事件而发生变化。换言之,游戏可以不是故事,却可以是生成故事的机器。

还有一种观点认为游戏像生活,而生活不是叙事。瑞安认为,互动性让游戏比电影和小说更接近生活。然而,在未中介化与中介化的经验之间、操作物品与操作它们的图像之间、随机拼合的客观存在的世界与为具体目的而设计的想象世界之间,存在着一种本体论的分野,这种本体论分野大于有选择与无选择之间的分野。因为就游戏而言,选择仅仅涉及假扮行动,对玩家并不会造成长久的后果。倘若游戏成了现实生活,那么玩家就得对他们在游戏中的行动负责,他们大多得身陷囹圄。因此，将游戏与生活同各种形式的叙事进行对立，委实是一种谬误；相反，一边是生活，另一边是生活的各种模仿模式，包括小说的讲述性叙述、戏剧的模仿性上演，乃至游戏的互动性模拟[①]。

　　总之，游戏与叙事之间存在一些矛盾。互动是新媒介的核心象征，电子游戏充分体现了互动精神，但互动并不能促进故事的叙述。叙事往往是线性的，而互动的选择是非线性的分支结构。游戏不是叙事，因为游戏很难重排事件，而重排事件正是故事与话语的区分。叙事总有种种闪回、闪前，然而游戏接近自然时序，这意味着游戏很难进行倒叙或向前观看这些基本叙事操作。游戏专注于完成任务与目标，是以玩为中心，而不是以叙事为中心。叙事可能只是一种手段，一些不侧重故事的游戏，也会在市场上大获成功。叙事文化曾经一度成为描述人类社会和符号生产的主导性概念，但对其一味拓展也会导致边界的模糊，可能会因此忽视游戏的本质，游戏中的规则、目标、玩家行为等可能是当下研究更需要关注的内容。但也不能否认，不少游戏都有叙事性的内容，同时，游戏也会扩展叙事学的领地，让叙事走向互动叙事学。

---

①　具体分析可参看玛丽-劳尔·瑞安《故事的变身》的第八章（张新军译，译林出版社 2014 年版）。

第三节 ●
"文本作为游戏"：文学的消费机制 ●

    游戏总是快乐的，充满愉悦感，这种快乐在释放用户主体性的数字时代得到了充分体现。从人们对文学的消费活动来看，它在很大程度上成了一种遵循快乐原则的游戏。

    英国学者威廉·斯蒂芬森主张从游戏的范式来理解传播，他认为早期大众传播研究的共同遗憾是"对'游戏'（play）元素的严重忽视"，呼吁从传统的信息理论（information theory）走向游戏理论（play theory）。[1] 受行为主义心理学影响的传统传播效果研究，试图发现传播规律，预测并控制受众的社会行为，实现有效劝服，这将信息刺激与受众反应之间的关系看成了线性关系，忽视了受众精神世界的复杂性与个体差异。在他看来，用户在传播中是主体，体验生命存在的快乐，比如人们看报纸的时候，并不专注于必需的任务，也没有明确的阅读目标，而是随心所欲地翻看，浏览成为自主性的游戏。"游戏"一词凸显人的自由意志，斯蒂芬森反

---

[1]   William Stephenson, *The Play Theory of Mass Communication*, The University of Chicago Press, 1967, p.3.

对主流传播研究"社会控制"的效果误区，也反思了法兰克福学派的传播批判主义，体现了人本主义精神，媒介与信息成为受众游戏的对象。

斯蒂芬森的游戏理论受到荷兰学者赫伊津哈的影响，遵循的是库利、米德、戈夫曼等人的社会学芝加哥学派传统，他强调从信息范式走向游戏范式，这种范式转换显然在当下具有很大的阐释力。当代社会是闲暇社会、丰裕社会，网络兴起后，数字化休闲更是成为人们生活的重要内容，网络聊天、角色扮演、自拍展示、戏仿、恶搞、虚拟、想象、操作、选择、互动等，网民的种种行为，都带有游戏性。随着增强现实、混合现实技术的兴起，这种玩乐活动还溢出了网络，现实世界也可以成为巨大的游戏场域。类似于文化研究开启的"新受众研究"，斯蒂芬森要我们关注的不是大众媒介，而是媒介大众。斯蒂芬森所在的时代还没有网络，游戏行为主要基于想象，而现在人们可以充分互动、选择、操作，更有参与、行动的游戏感，甚至可以建构现实。正是基于这一点，有学者认为："我们正在面临着人类的第二次诞生，第二代直立人（sceond Homo erectus）的诞生。而这种直立人或许可以称为游戏人（Homo ludens）。"[1]赫伊津哈将游戏看成

① 约斯·德·穆尔：《赛博空间的奥德赛——走向虚拟本体论与人类学》，麦永雄译，广西师范大学出版社 2007 年版，第 153 页。

人类文化中本体性的存在，这种本体性可谓在数字时代得到了真正展现。这也表现在文学上，网民对文学的态度主要基于游戏心理，对文学的阅读、代入、传播、分享，甚至二次创作，主要是为了"好玩"。当然，这不是说传统文学阅读没有游戏性，而是说游戏化在当下已经成了一种重要趋势。

文学消费活动的游戏化实际上是一种历史趋势。游戏与艺术、文学的游戏性与社会性早期处于原始交融状态，在此后的文学发展中开始走向分立，或强调文以载道，或走向感官游戏。书面文化的兴起制约了交互的游戏性，不过也有一些文学实验试图突出读者的主动性，尤其是后现代文学让阅读走向游戏化。在理论上，读者反应批评、接受美学、阐释学、后结构主义、解构主义，都将游戏视为开放性文本的原型。数字技术兴起后，文学消费进一步凸显游戏性。乔纳森·卡勒认为："在电子文本中，通过种种算法或者程序创造出无数的组合可能性，词语和意象或许会真的不断发生转换。……更为重要的是，它们可能会导致这样一种趋势：将文学作品重新想象为某种可以演奏的器具或者是可以玩的游戏。"①

针对20世纪后期以来艺术的新变化，瑞安认为文学活动范式正从"文本作为世界"转向"文本作为游戏"。她发现

---

① 乔纳森·卡勒：《当今的文学理论》，生安锋译，《外国文学评论》2012年第4期。

"虚拟"一词在词源上有"仿品"(fake)与"潜能"(potential)两种含义,文学虚构也相应呈现两极变迁,可分别用"文本作为世界"与"文本作为游戏"这两个根隐喻来理解它的发展。借鉴可能世界理论,瑞安认为文本构筑的世界具有本体性,读者通过"再中心化"而沉浸其中;同时,文本也发挥着"潜能"作用,如同一曲等待演出的乐谱,成为可不断操弄、重组的游戏。如果说"文本作为世界"的美学强调的是沉浸,那么"文本作为游戏"的美学突出的是距离与自反性。前者在现实主义文学中达到了巅峰,后者在20世纪后期的文学(如后现代小说、超文本文学)中开始占上风,不再是营造世界及其幻觉,而是打破沉浸,将文本游戏化。

可以发现,瑞安等人的理论主要还是基于"读者—文本"的关系,强调对文本的操控、交互、组合、玩耍、表演。不过,数字时代文学消费活动的游戏性不只在于读者与文本的关系,还在于主体之间的群体性交往。网络阅读与传统阅读的不同就在于,论坛环境让人们可以随时交流,而社交媒体的兴起更强化了这种倾向,借助本章说,人们边看故事边讨论,它并不是瑞安所说的要么沉浸要么交互的状态,而恰好是两者的自由转换,呈现"故事—交流"的混淆状态。"文本作为游戏"概括的是后结构主义文本理论及实践,如果说"'文本作为世界'是一个更平民化的概念",那么作为游戏的文本就具有"深奥性和精英性",它们对应的文本类型也明显不同："有些文本天生就更像游戏（超文本、视觉诗歌、后现代小说），而另一些则更像世界（现实主义文本）。"① 然而，数字时代的文学并不一定是后现代小说、超文本的精英类型，也可能是中国网络文学、日本轻小说这种流行文艺。后者具有二元性：一方面不是精英化的作品，而是平民化的文本；另一方面又与传统文学的阅读不同，其不断打破沉浸，具有游戏性。显然，瑞安等人的理论无法完全阐释这类游戏化现象。

值得注意的是，中国传统文论中也有"以文为戏"的说法，并给我们提供了西方理论之外的思考路径。"以文为戏"源自中唐裴度对韩愈的批评，韩愈在《毛颖传》中以史传笔法为毛笔写了一篇传记，裴度在《寄李翱书》中批评了这种游戏写作："不以文立制，而以文为戏。"经后世学者阐发，"以文为戏"渐成中国文论的重要概念。"以文为戏"就是以游戏、娱乐的态度对待阅读与写作。《毛颖传》体现了这种特点，以史传笔法为毛笔立传，充满戏谑与反讽，读者也心领神会，视其为游戏之作，这与"文本作为游戏"有相通之处。而韩愈的文人身份与案头化写作，也让这种"以文为戏"类似于精英化的文本嬉戏。

---

① Marie-Laure Ryan, *Narrative as Virtual Reality: Immersion and Interactivity in Literature an Electronic Media*, Johns Hopkins University Press, 2001, pp.195-199.

不过，"以文为戏"还指涉其他情况，被古人用来形容传统文学"跨进跨出"的艺术特征。在《水浒传》第三十回中，武松杀了一个丫鬟，另一个见状欲走，却"惊得呆了"。叙述者此时插话："休道是两个丫鬟，便是说话的见了，也惊得口里半舌不展！"金圣叹评点道："忽然跳出话外，真是以文为戏。"叙述者的评论打破了沉浸，"跳出话外"，具有游戏性。《红楼梦》也涉及这种叙事跨层，脂砚斋同样称之为"游戏"。比如第八回画出了通灵宝玉的形状，叙述者来了一段"跳出话外"的议论："今若按其体画，恐字迹过于微细，使观者大废眼光，亦非畅事。"脂砚斋评点道："又忽作此数语，以幻弄成真，以真弄成幻。真真假假，恣意游戏于笔墨之中，可谓狡猾之至。"跨层在中国的评书、评话、鼓曲、唱曲、相声等曲艺表演中也相当常见，戏谚所谓"一人多角，跳进跳出""集生旦净丑于一身，冶万事万物于一炉"，指的就是这种特点。

这种"故事—交流"的混淆状态，同样呈现的是"文本作为游戏"，却不同于瑞安所说的精英化的文本嬉戏，原因在于它们基于不同的文学经验。瑞安的理论基于后结构主义及文本实践，这仍是一种个人化的、限于文本本身的文学实验。实际上，在这一点上，西方学者仍深刻囿于印刷文化视野。沃尔特·翁曾将德里达、罗兰·巴特等称为"文本主义者"，认为他们对文本特征的批评"闪耀着思想的光芒"，但耐人寻味的是他们又"最受制于文本的意识形态",因为他们"只玩弄文本特征","把文本当作一个封闭的体系"。① 在他看来,出路在于摆脱印刷文化视野的制约,从口语文化去理解文本特征。对瑞安来说也是如此,若面对的是后现代、超文本文学,必然难以从口语文化的角度去理解"文本作为游戏"。而中国文学"跨进跨出"的叙述程式,与说唱艺术初始对小说、戏曲的影响有关,这与当下数字媒介重建口头文化经验具有相通性,契合新媒介文学的社交性、群体性的游戏化阅读活动。从"文本作为游戏"到"以文为戏",我们也可以看出,数字时代文学消费活动的游戏化呈现出多种形式,而中西文论可就此展开对话。

在斯蒂芬森看来,大众传播并非一开始就具有传播游戏、传播快乐的特点,它是消费时代的产物。消费社会形成了"他人导向"(other-directedness):"他人导向型人格关注细微琐碎的商品、有限的需求——它一切关乎快乐,无关承诺。"② 这类似于日本学者东浩纪所说的后现代动物③,人们对

---

① 沃尔特·翁:《口语文化与书面文化:语词的技术化》,何道宽译,北京大学出版社 2008 年版,第 130 页。
② William Stephenson, *The Play Theory of Mass Communication*, The University of Chicago Press, 1967, p.89.
③ 法国哲学家科耶夫对黑格尔《精神现象学》做了阐释,他认为人与动物的区别在于承认的欲望,历史发展源于"承认斗争"(the struggle for recognition),而在现代民主社会,人们互相承认,历史已然终结,人们成为"后历史"动物般的存在(参见亚历山大·科耶夫:《黑格尔导读》,姜志辉译,译林出版社 2005 年版)。东浩纪在《动物化的后现代:御宅族如何影响日本社会》(褚炫初译,大鸿艺术股份有限公司 2012年版)一书中借鉴了这一观点。

人性化的"优越愿望"不再感兴趣，而是像动物般活着，追求快乐、崇尚消费、依赖媒介，并结成同好群体。数字媒介的兴起强化了这种趋势。对很多读者来说，他们操作、参与、互动、分享，与其说是类似于传统文学阅读那样在欣赏、评鉴文学之美，获取知识，接受教诲，不如说是在游戏。从游戏的范式来理解文学阅读与消费活动，才能真正看清当下文学的状况。

第四节 ⋮
以戏为文：游戏在文学中的再媒介化 •

在数字时代，不仅用户的阅读动机与消费活动游戏化，现实中玩游戏的经验也对文学活动产生了广泛影响。在日本，《勇者斗恶龙》系列游戏的流行，使得"游戏讲故事"的认知成为玩家间的常识，该游戏对 19 世纪 80 年代及其后日本新文学的发展起到了重要推动作用。[①] 游戏也渗透进了网络文学、轻小说、科幻文学等类型中。随网络成长起来的一代读写群体的知识结构与文化背景普遍融入了游戏经验，重置现实的感觉结构，生成游戏式审美体验与文本的想象力，这是游戏经验在文学中的再媒介化。

我们可把游戏经验的再媒介化称为"以戏为文"。这种倾向非常明显，比如中国网络文学的游戏化是众所周知的事实。传统通俗作家张恨水等人写小说是从新闻中获得灵感，以社会为经、言情为纬，李欧梵曾将这种写作模式称为"文

---

① 邓剑编译：《探寻游戏王国里的宝藏——日本游戏批评文选》，上海书店出版社 2020 年版，第 12 页。

学新闻业"（literary journalism）。而网络作家常取法游戏，游戏成为其取之不尽的写作资源——世界地图的架设、人物冲突的营造、升级结构的套用、先抑后扬的情感节奏——我们可借用李欧梵的说法，将其称为"文学游戏业"。借鉴游戏经验也可以无限"注水"，多数网络文学的叙事模式类似于游戏的循环结构，情节不断上扬，但实则无限重复，主人公不断提升，但在不同位面，重复的是同样的逆袭、闯关与成功的故事。在此情况下，网络文学总是越写越长，理论上这种写作模式也可以一直延续下去，而当作者与读者都对这种重复感到乏味时，作品就会"烂尾"。或者说，"烂尾"表现的不是才思的枯竭，而是读写双方的互相厌倦。

　　游戏对文学的这些直接影响一目了然，人们谈了很多，本书不打算重复，只在此试图思考其深层影响。我们认为，游戏对文学的影响不只是停留于搬用表面的手法、元素或设定，更在于这些手法、元素或设定成为一种无法摆脱的想象与思维框架，这种影响往往是无意识与深层化的。对读写双方来说，游戏经验并不是在写作或阅读的时候才出场的，而是作为一种心理结构已经先在地起作用了。

　　从审美经验来看，这种深层化首先体现为传统文学审美中融入了"玩"的经验。读写双方对这种"玩"都是心领神会的，可以说构成了一种视域融合，非游戏玩家是难以感受到这种游戏性审美经验的。日本作家平野启一郎的小说《日蚀》在 1998 年获得芥川龙之介奖，学者中西进认为这部小说的故事情节颇为独特，给读者设置了"猥杂的流程"，并"惊讶于如此构思的持续力"——明明早就可以到达视线范围内的目的地了，却还让读者不停绕远路。大冢英志认为，中西进惊讶于这种写法，但其实读者"很容易进入"，因为读者掌握了"这类慢吞吞"的"既视感"，而这个"既视感"的原形正是"游戏"：

> 吊胃口也没什么意义了，"既视感"的原形已被清楚地描绘出来，不管如何考虑，这都是在电视游戏上玩 RPG[①] 游戏时的感受。总之，尽管已大致了解了探索对象，但是在主角到达目的地之前，还是要绕各种各样的远路，不断遭遇许多莫名其妙的人，在进入村庄之后，又必须走遍村庄的每个角落，因此，好不容易以为可与目标人物碰面了，但在此之前仍要忍受森林与洞穴的折磨。中西进紧接着在刚才引用的部分里将之形容为"延迟"的想象力，但我以为它的原形不就是电视游戏一样的东西吗？[②]

---

① RPG 是指 Role Play Games，即角色扮演游戏。——引者注
② 大冢英志：《故事的体操》，转引自吉田宽：《游戏中的死亡意味着什么？——再访"游戏现实主义"问题》，载邓剑编译：《探寻游戏王国里的宝藏——日本游戏批评文选》，上海书店出版社 2020 年版，第 246 页。

也就是说，这里表现的是深层的玩游戏的经验对写作的制约。文学描写一般追求简洁，而游戏需要不断完成任务，必然设计重重路径，因此受限于固有文学视野的读者与批评家是难以看出来的，也是难以理解的。

这种误读也表现在网络文学中。比如跟传统文学相比，网络文学对世界的虚构引人注目，比如让人叹为观止的异世大陆、魔法位面、星辰大海。对这些描写，人们除了惊奇之外，并不重视，或简单地以"玄幻"笼统称之。一些学者也看出这是受游戏影响，如北京大学学者张颐武认为这是从电子游戏那里获得的"架空性"。不过，只是这样理解是不够的。我们需要注意到这与"玩"的体验有关。相对于文字媒体来说，游戏扩充了视觉体验，这是一个琳琅满目的"物"的世界，随着玩家的历程而敞开，将基于数字媒体的游戏视觉融入文字性媒介的想象之中。

不过，这并不能只被理解为"看"，它也融入了游戏的行动操作逻辑。可以发现，在这些架空世界中，主角常常充满了对改造世界、征服天下的热切向往。传统武侠小说一般是"武侠＋言情"的模式，主角更愿意浪荡江湖而不是改造天下，这也是武侠小说的本义与魅力所在。江湖相对庙堂来说，是一个更加自由的他者想象。然而在网络文学中，主角总有征服并改造世界的野心，这体现在各种类型小说中，它们往往采用升级模式，主角改造世界的对象与范围越来越大，凭一己之力不断改造周围、城市、国家、历史、世界甚至宇宙。对世界的征服与改造，固然是为了满足读者的幻想心理，但背后呈现的是游戏中对世界的塑造与操控。游戏包括了各种世界的设计，这种世界背景随着玩家的探索而不断成型，而玩家的操控、交互与选择也决定着游戏世界的生成，带来不同的世界结局。网络文学常被认为想象力发达，或者脱离现实，但其实网络文学并不是传统的纯粹想象，而是更具动作意味，渗透的是操控与改造世界的体验。它也不是纯粹地脱离现实或再现现实，而是建构现实。

又比如，网络文学特别突出"爽"与"代入感"。网络文学又称"爽文"，要让读者读起来有爽感，就是不要感到郁闷，而是产生畅快感、优越感、占有感、成就感；"代入感"则是让读者能够把自己"代入"为主角，为了营造"代入感"，主角的设定最好接近大多数读者。"穿越"手法之所以流行，原因之一就在于有利于"代入感"的产生，作为"现代人"的主角穿越到过去，虽然面对异时空，但主角的思维方式、行为习惯仍是现代人，读者能顺利"代入"。如果只从传统文学视野来看，会认为"爽""代入感"都是迎合网友幻想的轻薄写法，但实际上它们融入的是"玩游戏"的体验。玩家依赖第一视角，是玩家"自己"在玩，所以网络文学会特别强调"代入感"。"爽"也是源于"玩"的经验，快感的生成是与游戏中的升级过关紧密相关的，从中可以看出深受游戏影响的网络文学在快感生成上与传统通俗文学如金庸小说之间的区别。在金庸的小说中，一招一式都有某种文化意味，而在网络文学中，快感更具有直接的视觉性、冲击感与身体性，这种变化显然是"玩""操作"的游戏经验带来的。也就是说，它不同于文学固有的体验，而是经过了"玩"经验的介入与过滤。由于游戏繁多，这种"玩"经验在文学中的再媒介化也呈现出多面化的特点，值得深入研究。

　　游戏不仅带来了文学审美经验的改变，也在叙述方式上融入了深层的想象力。前面谈到游戏代表了数字媒介兴起后的复数故事系统，这种非线性体验也渗透到了数字时代的文学中，大量穿越、重生、平行世界的描写体现了这一点。这种描写以前也有，但这种想象力在数字时代大规模兴起，与游戏不断重来的超叙事程式有密切关系。在重生、穿越小说中，主角重生或穿越后开启人生或历史的其他可能，正是游戏重置经验的投射。也就是说，重生、穿越其实是以小说的形式表现出故事复数化、非线性这一游戏的本质。在日本轻小说中也有大量类似的现象。一般而言，由线性向非线性的转向表现在西方数码艺术中，超文本文学、超媒体文学似乎是更能代表数字媒介非线性特征的艺术样式。但可以发现，这种超叙事的经验实际上通过游戏经验渗透到了中国网络文学、日本轻小说这些看起来似乎仍是书面文学的艺术样式之中。这也说明，这些常被人们看成"垃圾文字"的流行文艺，内在地表现出深刻的先锋性，呈现了数字时代的艺术想象力。这也同时表明，看上去"精英"的西方数码艺术与东亚大众文艺之间的差距实际并没有那么大，双方在艺术精神上体现出一定的相通性，甚至可以说，后者的日常性、大众性才真正代表了网络社会对文学现实的渗透与影响。

同时需要注意的是，这不是一种单纯的非线性、多重叙述，而是一种转叙。游戏天然具有转叙功能："电脑游戏为越界提供了特别有利的环境：作为生产虚构世界的程序，它们能戏耍世界和代码的各层次；作为邀请玩家扮演人物角色的世界，它们能利用玩家真实和虚构身份之间的反差；作为虚构世界，它们能诉诸标准文学虚构的越界招数。"[①] 相对于游戏中的故事世界来说，玩家具有双重性，他既具有看见整个游戏进程、多线性选择的上帝视野，同时也是游戏中的一个角色，可以在不同的叙述层级间自由滑动。他既是内部力量，又是外部力量，正是由于他不断地选择与介入，他才改变了故事进程，而这种体验也投射到了数字时代的文学中。在穿越小说中，主角穿越到过去，通过自己的行为重构了历史走向，将历史的多重可能世界现实化为个人版本。从叙事学的角度来看，这属于外部力量改变故事世界的本体型越界。这也生成了网络文学中的奇迹原理。传统文学中生成奇迹的多

---

① 玛丽－劳尔·瑞安：《故事的变身》，张新军译，译林出版社 2014 年版，第216 页。

是天外飞仙，而网络文学中奇迹的制造常常依靠外部穿越过来的玩家。轻小说同样如此，在仅靠故事中的人物无法解决问题的时候，轻小说采用的手法常常是"借由故事外玩家的介入，而得以解决问题"①。也就是说，数字时代的网络文学往往包含外部与内部、现实与虚构的连接性叙述模式。它表面上是作为一个对象的静观，实际上处处体现着玩家或主角介入故事世界的建构主义，改变了观察者与被观察者的严格区分，不再是指涉物单纯决定故事内容，而是对故事世界的建构决定了故事的指涉。从这里也可以看出，其不仅融入了游戏的非线性体验，也将互动性融入了大众流行文艺中。

　　游戏经验的再媒介化改变了文学固有的结构，扩张了传统审美体验，生成了独有的叙述方式与想象力。人们不断提出文学终结论的说法，或许有些夸大其词，我们既要看到游戏等新兴艺术压抑了文学，造成文学终结的危机，也要看到它扩充了文学，重建了文学的体验，把视觉、行动主义与可玩性逻辑以再媒介化的方式渗入其中。在此意义上，文学在当今并不是衰落了，而是从另一极获得了生命力。

---

① 东浩纪:《游戏性写实主义的诞生:动物化的后现代2》，黄锦容译，唐山出版社2015年版，第238页。

第五节 •
走向文学的游戏批评范式 •

可以看出，对数字时代的文学来说，读者的阅读活动、消费动机，作者的创作原理、文化结构，文本直接的手法、技巧，深层的审美体验、想象力都与游戏关系密切。基于固有文学视野的传统批评范式难以对其进行充分阐释与评价，故应凸显文学批评的游戏向度，建构游戏批评范式。

第一，在文学观念上，注意到游戏性、游戏功能在数字时代文学活动中的重要性，这成为人们参与文学的重要动机与活动特征。

一般认为文学有认识功能、教育功能、审美功能等，其中审美功能具有基础性地位，其他功能都以审美功能为依据与前提。有的学者在此之外又加上娱乐功能，并将审美功能与娱乐功能相区分："审美既包含娱乐又高于娱乐，是娱乐的诗化与升华；而娱乐只是审美的一种方式（而不是全部），是达成审美的手段、途径。而且，审美之中并非全都是娱乐，有些审美形态具有很严肃深沉的理性意味（如崇高、悲剧），并非单纯的感性娱乐所能包括；娱乐之中也并非都具有审美因素，并不能必然地过渡到审美境界，相反，有的甚至能引发丑恶的生理骚动。"① 这类似于乔治·桑塔耶纳的说法："在审美观照中，我们却能神驰身外，使情欲平静下来，我们认识了一种我们并不想占有的善而感到快乐。"② 不过一般的文学概论教材较少提到游戏功能，或者笼统地以审美功能、娱乐功能代替它。我们认为在数字时代应适度强调游戏性与游戏功能。游戏功能不能等同于娱乐功能，它当然有娱乐消遣的成分，但相比后者，它还凸显了参与、交互、操作、打破沉浸等含义，与数字时代的文学活动更为契合。比如，按瑞安的分类来看，"文本作为世界"对应的文学具有娱乐性，人们沉浸其中，获得快乐；然而，"文本作为游戏"对应的文学，比如后现代小说、超文本文学，可读性较差，需要读者的努力探索。其是一种游戏，但娱乐性不突出，或者说恰好是反娱乐的。娱乐功能暗示了读者的被动性，常以全盘接受对象的沉浸感为前提；游戏功能则更能体现主动、参与的特点，往往不按对象设定的意图或路径展开。游戏功能与审美功能有相通之处，如近代以来康德、席勒的审美游戏理论，强调游戏的自由性、超越性，但相比审美的精英意味，游戏功能也带有世俗性、大众性的意味，可以有效地把数字时代

① 江春：《审美与娱乐异同论》，《文艺研究》1993 年第 4 期。
② 乔治·桑塔耶纳：《美感——美学大纲》，缪灵珠译，中国社会科学出版社 1982 年版，第 25 页。

的泛审美、半审美现象涵盖进来。

从文学史传统来看，文学的娱乐功能、游戏功能经常遭到轻视与压抑。随着大众成为参与、互动的主体，数字媒介逐渐释放出被遮蔽的游戏性。面对数字时代的文学，用传统认识功能、教育功能、意义阐释、精英态度去理解它并不完全适用，因为这种方法忽视了其娱乐性、游戏性；而从传统大众文化、娱乐功能角度去理解它也不够用，因为这种方法无法完全体现出数字时代的交互性、参与性与行动主义逻辑。游戏功能包含了娱乐、交互、参与、行动主义、跨层等多重面向，比较契合数字时代的文学活动特征，也有助于理解当下文学的审美泛化情况。

游戏批评范式也有助于我们辩证理解游戏性，不夸大数字时代文学活动的主体性。人们对文学文本的游戏可以说充分表现了主动性，不过从数字资本主义的视野来看，这种游戏活动可能重新沦为了"玩劳动"（playbour）。在斯蒂芬森的理论中，游戏与工作存在根本差异："人们大多会把游戏、闲暇与工作进行区分：闲暇时间是我们的自由时间，它能提供消遣、满足爱好或者自我修养；工作则处理实际问题，与物质生产紧密相关，是人的谋生法则。相反，游戏除了给人提供自我满足外，几乎与物质生产无关。"① 不过游戏与工作

---

① William Stephenson, *The Play Theory of Mass Communication*, The University of Chicago Press, 1967, p.45.

并非如此界限分明，这夸大了个体自由，忽视了资本、权力的结构性约束。数字时代的互动尽管让我们成为"游戏人"，但仍然保持着它的抛掷性（thrownness）。读者的各种以游戏为目的的活动既为资本提供了具有广告价值的大数据，又形成了免费的生产、传播劳动，提供了内容生产的源泉。大冢英志认为二次创作将商品的生产与消费融为一体，这将导致消费社会的终结①，这显然过于乐观了，实际上利用"粉丝"群体的集体生产正是当下资本的常见策略。游戏重新沦为了劳动，这是不同于传统物质劳动的剥削方式，人们处理的不再是物质对象，而是非物质的信息，以游戏、快乐的方式完成的劳动，成为主体自觉自愿的行为。韩裔德国哲学家韩炳哲甚至悲观地认为"游戏者如服用兴奋剂一般沉迷，自我剥削，直至因此而倒下"②。现代社会成为功绩社会，劳动向日常生活扩散，免费劳动的无孔不入导致出现了类似意大利自治主义马克思主义者所说的"社会工厂"。当然情况也并没有这么悲观，网友仍会生成"玩中之玩"，也不能将所有游戏泛化为劳动，他们仍会在其中建构身份认同与进行自我意义生产——不过我们需要注意到政治经济学的这些侧面。

　　第二，在文学接受场景中，由传统"文本—读者"的结

---

① Ōtsuka Eiji, "World and Variation: The Reproduction and Consumption of Narrative", Marc Steinberg trans., *Mechademia*, Vol.5, No.1, 2010, pp.99-116.
② 韩炳哲:《在群中：数字媒体时代的大众心理学》，程巍译，中信出版社 2019 年版，第 50 页。

构走向"文本—表演者—读者"的三元结构。

　　传统文学接受活动主要是"文本—读者"的关系，而现在由于文学的游戏性，表演的重要性凸显了出来。卡勒曾指出这种趋势："在新的电子体系中，反馈的环形线路（loops）却使得文本和读者之间发生着不同层次的互动，持续不断地相互激发、相互界定，在读者表演文本时又不断地改造它们。"由此，"表演研究（performance studies）或许就要在文学研究中具有某种新的重要性，因为它不再只是将文本当作是需要阐释的符号，而是更将其看作是种种表演"。① 在此情况下，读者就不一定延续传统的功能，而可能身兼表演者与读者的双重身份。如前所述，游戏逻辑与口头传统相似，有学者据此指出：

　　　　将游戏与口头叙事相类比的另一个有用的观点是，它们都将另外一个角色置于文本与读者之间，那就是表演者。现场表演口头叙事的诗人并非作者；文本早已存在于传统当中。一方面，作为表演者的诗人是真正的读者，将隐含读者现实化；另一方面，他／她是文本和受众之间的中介，能够以一定方式对文本加以改编或再创作。在游戏当中，玩家既是

---

① 乔纳森·卡勒：《当今的文学理论》，生安锋译，《外国文学评论》2012 年第 4 期。

表演者，也是受众：他们有能力在文本固定元素的基础上进行一定程度的即兴创作，但另一方面也充当了受众的功能，接受文本并加以形象阐释。[①]

由于文学阅读与消费活动成为一种游戏，这就必然生成了"文本—表演者—读者"的三元结构，结合数字时代的文学活动来看，这是实际情况。一些读者仍延续传统阅读方式，只喜欢观看；而一些比较活跃的读者，则成为表演者，比如读小说的时候热衷于发布本章说，自如地在表演者与读者身份之间切换。"文本—表演者—读者"的三元结构有助于我们理解当下读者身份的多重性。当然最重要的是，这种三元结构体现了新的文学观念——不再是将阅读活动理解为传统"文本—读者"的线性传递关系，而是充分注意到用户的主动性，注意到他们对文本的操作、挪用、戏仿、扮演等种种游戏活动，这有助于我们看清数字时代文学消费活动中的复杂性。

由于表演的重要性凸显了出来，我们很难再将数字时代的文学理解为只是一个已完成的有形作品，它在一定程度上变成了游戏或表演的事件，它是开放性的。一件开放式的作

---

① 戴安娜·卡尔、大卫·白金汉、安德鲁·伯恩等：《电脑游戏：文本、叙事与游戏》，丛治辰译，北京大学出版社 2015 年版，第 104—105 页。

品，依赖于当时观众的交互或者遵循博弈论的高级变量——作品被假设为一种游戏，观众遵循"自由程度"而成为游戏者。[①] 在此意义上，人们的内容体验转向交互交往体验，在传统的内容分析外，也要走向对游戏的活动交往的分析。

第三，由表征论走向模拟论，从模拟论角度去理解数字时代的文学。

传统文学研究、文艺理论关注表征，研究表征对象（世界）、表征者（作家）与表征效应（接受）等的关系，千百年来一直追求透明化的表征效果，再现论、现实主义都表达了这种诉求，心智被看成准视觉机能的自然之镜，背后体现的是符合论真理观。美国当代哲学家理查德·罗蒂把这种倾向称为以认识论为中心的"镜喻"哲学。表征与模拟是对世界的不同描述方式。比如，飞机的照片与飞行模拟器体现了表征与模拟的大致区别。按照弗拉斯卡的定义，模拟是借助一个系统模型来模仿（源）系统，并对特定输入信息做出反应。[②] 模拟包含着世界的演化，而表征呈现世界的某个静态侧面。也就是说，表征预设了故事的先在性、稳定性，它是回顾性的，在时空上是延宕的；而模拟具有前瞻性，强调了不确定性、未完成性、生成主义与行动逻辑。从表征论出发，

---

① 奥利弗·格劳:《虚拟艺术》，陈玲主译，清华大学出版社 2007 年版，第 152 页。
② Gonzalo Frasca, "Simulation Versus Narrative: Introduction to Ludology", in Mark J.P. Wolf and Bernard Perron eds., *The Video Game Theory Reader*, Routledge, 2003, pp.221-235.

将故事看成已发生事件的时间序列；从模拟论出发，将故事看成各种可能事态、可能走向的并置与叠加，将更丰富的模态容纳进来。与表征相比，模拟在计算机时代获得了新的生命。显然游戏是最能呈现这种模拟性的，模拟在游戏中得到了物理实现。在游戏中，故事的生成与"现在"有关，而不是回顾性的，同时充分展示了故事多线发展的可能、潜力与趋势，最终的走向取决于玩家在多重可能性中的操作与选择。

对深受游戏影响的数字时代的文学来说，它显然与模拟论存在更大的契合度，比如超文本文学、超媒体文学，类似于游戏，在多种可能世界中，读者通过选择将故事现实化。故事不是预先存在的，而是在活动中具有情境性、具身性地涌现与生成。在网络文学、轻小说、科幻文学中，虽然它们似乎仍是书面文学的样貌，故事只能是已然发生的，但大量穿越、轮回与平行时空的描写，各种人生与历史的重来，与其说是在反映或再现，不如说是在模拟、演示各种可能的结果，其中融入的正是游戏式的演化模拟体验。在这些文学中，类似于叙事学家布雷蒙所说的"叙事可能之逻辑"，人物常常面临着是与否的选择问题，呈现出数字超文本世界特有的存在主义选项。人的选择改变了人生与历史的走向，这在一定程度上摆脱了因果论、决定论，强调了偶然性与人的能动性。传统叙事关注的是过去发生了什么，而模拟关注的是可能发生什么、怎么发生，变革是可能的，将叙事的焦点转移到消费者，强调用户对故事世界的生成作用，这显然与数字时代的意识形态有关，凸显了人的主体性。实际上如前所述，这种模拟演示的行动主义快感正是读者阅读的兴趣点之一，或者说这也反思了传统叙事理论的不足。它常常预设故事的先在性，分析实际发生的事件，但就读者体验来看，它在故事世界中其实处于模拟状态，并没有一个先在的已经完成的故事。

模拟论也比较契合数字时代故事的创作机制。"表征乃其中一种可能性的意象，而模拟则是生产引擎，通过常量和变量参数的组合生成许多不同的事件线路。模拟是数字媒介特有的一种叙事模式，存在于故事生成程序和电脑游戏中。"[①] 表征论关注现实化了的虚构世界的一种可能性，而模拟论容纳了更丰富的虚构世界序列，强调事件面向多种可能性，特定行动可以引发多种不同的后果，这与前述数字时代创作渗透了游戏的复数故事逻辑是一致的。

显然模拟论有助于我们去理解后现代的实验性文本、超文本与电子游戏，也让我们对受到游戏影响的文学有新的理解与更准确的诗学描述。当然模拟论并非要取代表征论，只是拓宽对当下文学行为的认识。

第四，从游戏性角度去分析与阐释文学。

---

① 玛丽－劳尔·瑞安:《故事的变身》，张新军译，译林出版社 2014 年版，第13 页。

　　阐释功能是文学批评的基本功能，需要探究、解释文本内容与形式意义，实现批评的中介性。游戏批评范式强调从游戏性角度去阐释文学，比如分析网友在文学中的扮演、戏仿、恶搞、互动、社交、发本章说等活动的游戏性、心理动机及社会效应，分析作家的游戏生活、游戏文化背景，分析作家创作时的游戏机制、游戏心态。对职业作家来说，写作费时费力，可能难称"游戏"；但对网络上不计其数的二次创作者来说，它正是基于游戏心态的玩乐活动。当然批评最重要的是回到文本上来，对读者活动与作家游戏文化背景的分析要进入文本层面，可从游戏性层面切入，对文本思想主题、叙述方式、写作技法、想象力等进行分析。这一点我们在本章第三节已有较多涉及。

　　人们常认为游戏与叙事形成了根本意义上的矛盾：游戏的互动性表现了新媒介的本质属性，但并不利于故事叙述；叙事往往预设了线性时间与逻辑因果关系，而游戏密布着非线性的分支结构。一些游戏研究学者，如阿塞斯、弗拉斯卡、尤尔坚持认为游戏不是叙事，他们试图摆脱文学理论的帝国主义，挑起游戏学与叙事学之争。但在我们看来，它们也不是纯粹对立的——有意思的情况是，当游戏的互动、分支进入传统书面样式的文学中时，会发生什么。从本章第三节的论述来看，这种互动性、超叙事经验投射在了线性叙事中，数字媒体的文化逻辑内化在了书面文化的文本中。在此意义上，瑞安所说的"文本作为世界"与"文本作为游戏"，也并不一定不能兼容。像中国网络文学、日本轻小说这类文学，既有传统的故事沉浸体验，又融入了游戏的互动精神。它们不是游戏，却获得了某种超文本性；它们不是严格意义上的传统文学，却具有传统叙事风貌。交互与叙事获得某种结合，构成一种曲折的半透明性。我们可称这种情况为游戏性对文学性的入侵。

第五，在娱乐时代充分发挥游戏批评的价值导向功能。

文学批评并不停留于阐释，阐释之外还应有评价。这就需要提高读者理解现实生活、辨别美丑善恶的能力，介入并推动社会进步。游戏批评范式虽然重视数字时代文学的游戏向度，但绝非否认批评的价值评判功能。新媒介很大程度上承载了当代文学生活，其广泛的社会效应及其在建构青年价值观中的重要性，要求文学有更大的责任，在"以文为戏"中注入"以文为用"的社会参与精神。

游戏包含了一定的娱乐性，这导致它有可能生产暧昧模糊的道德内容，成为廉价的娱乐，难有严肃的人文关注。游戏对受众数量的追求也导致它执着于程式化的主题与设计，将复杂、含混的世界简化为好人与坏人的二元对立，因而很难从审美与政治两方面解放观众。不过，游戏也并非必然与严肃性相矛盾。赫伊津哈认为："在游戏的时候，我们可以在严肃的层次之下活动，儿童就是这样进行词语游戏的；然而我们又可以在严肃的层次之上进行游戏——也就是美好和神圣领域里的游戏。"[①] 斯蒂芬森虽然强调由信息范式走向游戏范式，但表明自己并非提倡大众媒介灌输笑料、色情与涂鸦："我定义的传播快乐绝不是一种恶搞或淫秽文化。我希望看见更多的游戏，但它们应是顺应时代的文化先锋。"[②] 如果说在传统社会读者通过故事代入思考社会变革，游戏模拟的政治学则有可能通过让玩家发现与挑战游戏深层的规则来实践社会变革 [③]，因此"对那些旨在教诲他人要表现出批判态度或者要解放他们的人而言，电脑游戏，尤其是拟真游戏提供了有趣的可能性"[④]。

利用游戏性生成人文性的可能也表现在文学中。如前所述，游戏性与娱乐性并不完全相同，传统文学强调寓教于乐，这种快乐主要是一种被动审美体验，而游戏性可以借用游戏的主体性、行动主义逻辑、叙述方式与想象力生成严肃主题。从瑞安对欧利亚·利雅琳娜的《我的男友从战场归来》这种

---

① 约翰·赫伊津哈：《游戏的人：关于文化的游戏成分的研究》，何道宽译，花城出版社 2007 年版，第 20 页。
② William Stephenson, *The Play Theory of Mass Communication*, The University of Chicago Press, 1967, p.205.
③ 比如，《模拟城市》的建构规则表现了资本主义社会的历史形成及意识形态机制，而游戏情节固有的可重复性，可以让玩家弄清楚其中的规则，洞察到其潜在的意识形态。美国学者泰迪·弗里德曼认为游戏可以承担起詹姆逊所说的"认知绘图"功能。Ted Friedman, "Making Sense of Software: Computer Games and Interactive Textuality", in Steve Jones ed., *CyberSociety: Computer-Mediated Communication and Community*. Sage Publications, 1995.
④ 约斯·德·穆尔：《赛博空间的奥德赛——走向虚拟本体论与人类学》，麦永雄译，广西师范大学出版社 2007 年版，第 81 页。

网络互动艺术的介绍来看，它正是利用了这一点。文本始于一个统一的屏幕，显示语句"我的男友从战场归来；晚餐后他们离开让我们独处"，随着不断点击，窗口不断分裂，最后演化为十七个不同空间，每个窗口里的对话讲述一个线性故事。于是，"文本阅读成了一种游戏，尽可能多地创建框架，然后擦除其白色内容标记"[①]。在这种选择的游戏中，生成了严肃主题，窗口分裂表明，士兵在长期的分离后重回女友身边，故事会出现多种可能性。屏幕的连续分裂象征战争带来的分裂、恋人心生间隙、多数情景中的沟通失败。只有两条叙事线有欢乐的结尾，但这两条相对简短的叙事线，可能暗示这只是痴心妄想，从而让人们有力地思考战争的残酷、感情的悲剧与人的命运，匠心独运地融入了人文趣味。

如前所述，随着社交媒体的兴起，文本的游戏也表现在人们对文本的讨论、交流中——比如火爆的弹幕文化——而这实际上也包含某种艺术的创新性可能。布莱希特的史诗剧就具有这种游戏性，他将戏剧与论坛相结合，鼓励观众就相关社会、政治与个人问题进行争论。戏剧也成为一种模拟，演示可能会发生什么。变革是可能的，并且他利用观众的互动与即兴演出，思考可能的解决办法，培育观众的主体意

---

① 玛丽－劳尔·瑞安:《故事的变身》，张新军译，译林出版社 2014 年版，第 148 页。

识。目前文艺的生产强调"弹幕思维"，即根据网友发送的弹幕的情况设计剧情，制造话题点——这主要是一种商业行为。实际上文学可以充分利用这种话题点的营造，借助弹幕或本章说，让人们对严肃问题进行辩论，实现文学与论坛的结合，在游戏性中实现人文关注——这是数字媒介带来的文学实验性。

数字时代的文学也可以借助游戏化的叙述方式实现这种严肃性。游戏中的死亡往往被认为难以生成悲剧主题，因为游戏中死亡是可逆的，人们可以玩弄死亡本身。大冢英志因此否认了游戏重置经验带来的艺术可能性，游戏不可能描写肉身的死亡，死亡正因为其不可逆才成为现实。东浩纪却提出"游戏现实主义"（又译"游戏性写实主义"）的说法，他认为轻小说潜藏着这种游戏重置经验，将死亡的残酷性从故事层面（角色）转移到了超叙事层面（玩家），因此通过"让角色流血"，最终促成"让玩家流血"[1]，激起读者的思考与严肃体验[2]。东浩纪所说的游戏现实主义也可以变成一种主动实践，或者说这也是网络文学、轻小说等流行文艺努力的方向。

---

① 东浩纪:《游戏性写实主义的诞生：动物化的后现代 2》，黄锦容译，唐山出版社2015 年版，第 180 页。

② 比如在樱坂洋 2004 年发表的轻小说《杀戮轮回》中，主角桐谷实际上是超叙事的玩家，他既在故事内又在故事外，玩家在死亡重置中感受到了生命的多种可能性，却发现自己困于角色的人生中，只能抓住一次人生，体验到人生的复数性却又只能无奈放弃显然是更加残酷的，读者会感受到玩家的这种无力感。可参看东浩纪:《游戏性写实主义的诞生：动物化的后现代 2》，黄锦容译，唐山出版社 2015 年版，第 174—180 页中的论述。

它们往往被看成"垃圾小说""非文学",但在后现代的消费社会中,由于媒介场域的连接限制,传统的精英文学影响力日渐衰弱,反而是这些消费化产物包含积极的可能性,强化数字时代文学创作的"作家性",通过作家的主动设计,实现人文关注。正如"以文为戏"这种说法所暗示的,我们需要在消费活动中、在游戏性中、在曲折的半透明性中去实现文学性。

利用游戏性促成文学性,也许正是文学面临终结危机可能的生长空间,它满足了数字时代人们的游戏动机,却也可能因为游戏的主动性与行动主义逻辑而强化文学的人文精神。游戏批评范式的重要性就在于促成这种结合,发挥文学批评的价值导向作用,充分利用互动,发扬游戏精神,推动数字时代文学的发展,在游戏性中实现人文性。

对数字时代的文学来说,游戏批评范式具有较大的阐释力,但它并非要取代种种传统的批评范式,而是根据当下文学的变迁对其做出补充与发展。

研讨专题

1. 游戏具有哪些主要特征?

2. 如何理解游戏与叙事之间的关系?

3. 读者在数字时代的消费活动很大程度上成了一种游戏,你赞同这种观点吗? 试举例说明。

4. 数字时代游戏对文学文本产生了哪些影响？

5. 游戏批评的主要内容包括什么？

拓展研读

1. 约翰·赫伊津哈:《游戏的人：文化中游戏成分的研究》，何道宽译，花城出版社 2007 年版。

2. 玛丽－劳尔·瑞安:《故事的变身》，张新军译，译林出版社 2014 年版。

3. 东浩纪:《游戏性写实主义的诞生：动物化的后现代2》，黄锦容译，唐山出版社 2015 年版。

4. 戴安娜·卡尔、大卫·白金汉、安德鲁·伯恩等:《电脑游戏：文本、叙事与游戏》，丛治辰译，北京大学出版社 2015 年版。

5. 黎杨全:《以文为戏：数字时代文学的游戏批评范式》，《文学评论》2023 年第 1 期。

第四章
/Chapter 4/

电子语言文化

随着新媒体的大众化应用，语言的媒介依附性日益凸显，书报生产出日益分化的口语与书面语，电话实现了口语的远距离传输，互联网则把口语再度转变为文字。电子语言无论在形态特征、语用规则还是应用场景方面，都与以往存在很大不同。由于电子语言主要在互联网上得到应用，因此本章部分段落以网络聊天或网络文学作品中的语言举例，涉及媒介界面和终端呈现时，也采用"屏面语"一词。电子语言、网络语言、屏面语等相互交织衍射，而在它们的新颖形式和源源不断的创新动力背后，是互联网跨越地域的远距离联通、同步发送反馈的即时沟通、智能终端的个性化运用，以及次生口语文化（secondary orality）环境的支撑。

第一节
从口语到文字：语言的媒介依附性

　　媒介影响语言发展，口头语言、书写语言、印刷语言和电子语言等是从媒介角度进行划分的结果，区别它们的是载体、传播手段，以及不同媒介物质性所限定的特定表达方式。一般说来，口语先于文字，在理解过程中居于第一位，文字应由口语主导。但是，以声音为媒介的口语总是稍纵即逝，文字却能记录保存，反复传播，这使口语和文字的地位逐渐倒置，文字成为信息权威的象征。加拿大学者哈罗德·伊尼斯在《传播的偏向》中论述了文字与媒介之间极强的依附关系：埃及的象形文字与莎草纸和软笔的使用有关，巴比伦人用泥板和硬笔开发出硬朗的楔形文。[①] 汉字的历时发展也是如此：龟甲兽骨上神秘莫测的镌刻笔画多硬折；青铜器上的钟鼎文圆转匀称；宣纸上楷行魏隶万变不离其宗；工业时代书报中的小五宋体更是规矩端方、整齐划一……文字跟随媒

---

① 　参见哈罗德·伊尼斯：《传播的偏向》，何道宽译，中国人民大学出版社2003年版，第三章。

介变化而变化，媒介对语言文字的影响由此可见一斑。

书面语和口语的划分主要在于媒介的不同：一个借助文字，诉诸视觉，需要具备识字能力的人通过抽象思维理解转换，将文字符号与意义对应，从而进入理解过程；一个借助声音，诉诸听觉，相对直观感性，且具备即时交流反馈的能力。由于口头交流作为语言表达的第一性，声音一度对于理解是第一位的，这一点尤其体现在口头文化盛行的社会中人们看待口头语言和书面文字的方式上。

随着人们对自身文化发展的探究，人们对于语言的生成过程也有了更加深刻的认识。麦克卢汉在《理解媒介——论人的延伸》中提到，由于和无文字民族的接触日益增加，口语和书面语大相径庭的性质越来越容易为人们所理解。他举了这样一个例子：有一个土著人，他是他那个社群里唯一识字的人，他在为别人读书信时，必须用手指头塞住耳朵，以免听见别人书信里的隐私。这一有趣的例子证明，由于拼音文字注重视觉，阅读需要经过学习并通过"视觉形象—意义转换—理解"的认知模式才能达成。识字能力和个人沉默的阅读也养成了隐私的价值观念。在这个例子中人们可以意识到，如果没有受到拼音文字的影响，听觉和视觉分离、个人和集体分离的情况是难得发生的。① 也就是说，在以口语为

① 马歇尔·麦克卢汉：《口语词——邪恶之花？》，载马歇尔·麦克卢汉：《理解媒介——论人的延伸》，何道宽译，商务印书馆2000年版，第113—117页。

主要传播手段的时代，口耳相传的风俗使部落中的人相信，"听"是理解的唯一途径。而强调视觉的文字表达，则延伸和放大了个人主义、保守隐私等习惯，这种延伸和放大是口语词无法提供的。某些习惯看似天然，实际是媒介分化和养成的结果。

在书面文化中，书面语语法规则约束性强，讲求逻辑严谨，标点符号规范，可以反复斟酌修改。因此，基于视觉的文字形成了统一的知识权力，具有普遍效力。而口语灵活随意，不拘泥于语法，接收的即时性和稍纵即逝性使其相对来说不可更改。这种区别导致书面表达和口头表达在某种程度上互为掣肘。对此，伊尼斯遗憾地写道："用简化字母表写作遏止了口头传统的习惯势力，但是它又暗示着表达力的衰退。"①

有关口头语言和书写语言的不同，古希腊哲学家柏拉图的态度很说明问题。身处强大的口语文化中，柏拉图学园内部显然奉行口传教学，他推崇口传而贬低书写。美国传播学者沃尔特·翁在《口语文化与书面文化：语词的技术化》中，对柏拉图有关口语和文字的态度进行了总结。②

柏拉图假借苏格拉底之口在《斐德罗篇》里说，文字没

---

① 哈罗德·伊尼斯：《传播的偏向》，何道宽译，中国人民大学出版社2003年版，第8页。
② 沃尔特·翁：《口语文化与书面文化：语词的技术化》，何道宽译，北京大学出版社2008年版，第60页。

有人情味，文字装腔作势，以为它能够在脑子以外确立只能够存在于脑子里面的东西。文字是一件物品，一件制成品。

柏拉图笔下的苏格拉底还说：文字损害记忆。

文字基本上不能够做出回应。你请一个人解释他说出的话，你可以得到他的解释；你对一个文本提问，你得不到回答，你看得到的都是相同的，常常是愚蠢的语词，它们的首要功能是吸引你的注意。

柏拉图笔下的苏格拉底认为，书面词不能像口语词那样捍卫自己，他这个观点符合口语文化的对抗心态。一般地说，真正的说话和思考存在于真实的人与人之间，存在于你来我往的交流中；与此相反，文字是被动的，它脱离了上下文，存在于非真实、非自然的世界里。

然而，我们如今能够了解并学习柏拉图学说，显然离不开文字的记录。可以说，柏拉图的思想在他所反对的语言形式中得到传承。阅读柏拉图的著作，我们会发现一个很有意思的现象，即这一借助文字记录传播的哲学著述均采取口传的对话录形式。无独有偶，同处于轴心时代的中国伟大的思想家孔子，其言行与思想也以对话录的形式流传——《论语》。可以说，对话录是活跃的口语文化与即将兴起的书面文化交接时代常见的形式，它结合了文字书写长时间保留和广泛传播的功能，也具备口头对话交流、解惑答疑的能力。

从早期记录、誊抄到印刷技术早期应用，文字语言经历了长久而稳定的发展。到了蒸汽印刷机普及的时代，书写变成印刷，在更大范围的传播和更加集中的媒体控制力的共同作用下，识文断字成为受过教育的象征并进而成为现代人的基本素质之一。文字语言获得爆发式增长，不仅拥有了更加规范的语法、独特的语用和句式，也获得了前所未有的权威。与之相应，印刷文字由唯一中心发布确定的内容，掌握传播权力的特性，突出了文字语言传播的单向性和广播式特征。印刷媒体采取的统一书面语成为与自如交流、自主变动的口头语言截然相对的特殊语言。书面语的规范性去除了口头语和个人文字语言中的情绪、语气、个性化变动，以明确、简洁的表达为追求。单一的发布权和解释权，以及教育识读体系在不同受众间培养起的对书面语的无差别理解，使得书面语具备权威性。

到了电子媒介时代，伴随联网的个人电脑、智能手机等新媒介的出现，诸多应用程序上层出不穷的新媒体形态将自如表达和广泛交流的权利重新交给大众。新媒介生成新语言，每个人都在电子媒介上获得了远距离传输和向公众言说的机会。而被印刷媒体规范化的书面语言受到挑战，口头表达的习惯和个性，借助屏幕上的文字、图像等，生成电子媒体的电子语言。这不仅更新了人们的日常表达方式，还制造了新的语言感受和语言体验。

第二节 ·
电子语言的特征 ·

　　互联网文化刚诞生时，人们突然看到屏幕上蹦出来的电子语言，会被那随心所欲的语法、花花绿绿的外观晃得睁不开眼。然而，生于这个个性语言充斥公共环境的时代，人们不得不被裹挟进电子媒介的浪潮，按照新媒介的形式逻辑重新组织和运用语言。

　　作为新媒介技术环境下诞生的新语言，电子语言与电子媒介联系紧密。因此，笼统地说，广播、电视、录音机甚至电波呼叫中的交流语言，在某种程度上都可以算作电子语言。而在当前大众的实际运用中，电子语言常常指那些在网络论坛、聊天软件、手机短信等电子媒介中使用的、由公众参与创造的新语言形式。它伴随电子媒介的普及，在广大传受者之间通行、蔓延，并在广泛的使用中不断变化更新。电子媒介出现不过短短数十年，所以电子语言至今也没有普遍规范的语法、语序，更谈不上有供人们学习、仿效的范文模板。以传统语言的眼光来观照，电子词汇变动频仍，且存在大量结构新奇、用法特异、不符合普遍规范的语言现象。但恰恰就是这样不合逻辑、不守语法规则的语言"改造"和"创新"，使电子语言在媒介世界不胫而走，以制造全新的视听语言为特征而风靡日常社会。

电子媒介具备针对声音、图像和动态视频等的综合传递技术，因此电子语言的表达带有口语化、随意性的特点，传播和发送具备公众性、隐蔽性的特点。这些特点使这一新语言形式以自由跨界、融合的面貌出现在媒介世界——书面语与口语界限的消失，方言、普通话和外语的融合混用，古汉语跨越时空进入现代汉语的疆域，图形、符号对文字的参与和诠释——可以说，正是这自由跨界和融合，让电子语言具有了兼收并蓄的特点，令人耳目一新。电子语言丰富了甚至引导了大众日常语言的变化。

在电子语言中，可以看到书面语和口语的融合，外语、方言和普通话的融合，古代汉语和现代汉语的融合。电子语言以图画、符码等多种表达方式跨越文字和声音的局限，也跨越媒介的边界，影响印刷语言和日常生活语言。跨界和融合的特质使电子语言拥有强大的生命力、创造力和影响力。

电子语言中存在大量书面语和口语交叉应用的情况。

网络聊天和手机短信中的电子语言是一个结合说和写的表达形式，融合了字面和口头媒介优势，因而其中的新语言同时兼有书面语和口语的特点。一方面，它像口语一样可以即时交流，双方所思所想在聊天工具中实时呈现，内容多半不具严肃性，句子的完整性或语法规范也不会被考虑。另一方面，这类交流多半采用文字，以敲击键盘的结果作为中介，应答者在看语言而非听语言，无论多么口语化的句子都落在文字上；在按下发送键之前，发送者有充分的思考时间，可以对语句进行润色和修改。

视听双向的电子媒介能到达单一传统媒介所无法触及的领域，书面语和口语的边界部分消失。网络聊天、论坛、短信与传统表达方式都不完全相同，不是简单复制，而是通过多项交叉产生特殊的媒介语境。例如，"造境"本是文字的神奇功力，它能将阅读的此时此刻置换为字里行间的彼时彼地，将阅读者带离现场，引入特殊语境。书面文字是单向的封闭系统，它展现作者预先的构思，时间、地点、角色、行动等都已设定，读者只能被动接受。当人们为"扬蛾入宠，再盼倾国"而喜，或因"塞客衣单，孀闺泪尽"而叹时，作者的力量就体现了出来。可以毫无差错地复制的书面文字，给不一样的人带去一样的情境。口头交谈却不然，它表现为实时互动性，参与者亲历现场，平等参与交流，共同进行语境创造，其加入或退出对语境产生即时影响。口语无法复制，即便是一字不差地背诵，也会因叙述者的情绪、语气等的转换而有所差别。

活用标点是书面语和口语在电子语言中交叉的又一体现。口语通过将重音放在句子的不同位置，或是在不同位置上断句，表达不同的意思。书面语则不然。标点符号是确保意思准确的必要工具，使用自有一套完整规则。网络交流这种以书面文字表达的口语活动，同样应用标点，但带有个性情感和语气的标点往往随心所欲，突破固定用法。标点在电子语言中的活用表现为符号叠用、使用创新、符号借用等。

网络语言中最常见的特殊标点用法是符号叠用。虽然印刷语言中也偶有叠用标点的情况，却较有节制，不像网络上动辄十余个甚至几十个"！"或"？"刷过整个屏幕，以触目惊心的符号浪潮表达情感强度的几何级飙升。还有一些原本不能叠用的符号也重叠使用，并生发出本义之外的意义。如"这个，，，，，，呃，，，，，，"以很多个逗号表现张口结舌的情形。在网络上的对话中，当一方发出问话而另一方不做反应时，会被误以为是传输出了问题。因此，当遇到不需要回答的问题或无话可说时，句号的叠用"。。。。。。"就产生了，其表示静默应对。符号借用是将一些不常用的汉语标点符号加以利用。如"～"在网络上经常见到。在"嗯～～""啦～啦～啦～～～"中，它形象地模拟声音的起伏婉转。"———我是分隔线———"不是几个破折号的叠加，而是网民自创的意义转换分隔，中间的解释随上下文意思更改，可以是情绪的转变，如"———条哼着歌的分隔线———"，也可以是时间的间隔，如"———两个星期的分割线———"等。网民既是说话者，又是文字编辑，他们创造性地使用符号标示心情的转换。

在口语的理解中，语音、声调及其所传达的情绪居首位，而理解文字需要较高的教育程度和抽象思维能力。标点符号在电子语言中不再是记录的辅助工具，叠加、创新等用法以口语的情绪性扩充了书面语的使用范围和解读方式。它是抽象思维之外的形象表达，最大限度地体现了书面语和口语的交叉趋势。

方言和普通话的融合在电子语言中也十分常见。世界各国语言的差异，一国同样文字下各地方言发音的不同，都与媒介传播的局限性有关。传统媒介传播速度缓慢、范围相对狭小，表达方式难免有差异。如今电子媒介跨越了空间和民族的界限，造就媒介语言的一致性，甚至在新媒介的使用者中组建起新的族群。

方言和普通话的分化融合与载体的关系就特别密切。印刷文字使吴侬软语和白话京腔得以交流，电视、广播则扩大了普通话的传播范围，播音员字正腔圆的发音使国家标准统领了声音领域。在中国南方，许多年长者不会说普通话，而孩子却能自如地在普通话和方言之间转换，这得益于"电视保姆"的谆谆教导。春晚小品曾让东北话、陕西话、天津话、四川话充满全国屏幕。网上还出现过方言版《大话西游》的音频，原电影中"曾经有一份真诚的爱情放在我面前，我没有珍惜，等我失去的时候我才后悔莫及……"诚恳的爱情表白被网友们的南腔北调演绎得令人喷饭。2006 年热播的电视剧《武林外传》是一次荧屏方言大联展，其中汇集了山东话、陕西话、天津话、东北话、闽南话、上海话等。其编剧本是网络写手，虽是创作电视剧剧本，却对当今网络受众的"笑点"把握得恰到好处。《武林外传》最大限度地发挥了电视的电子媒介优势，突破以往荧屏上普通话"一统天下"的局面，向多元网络话语靠近。这使其不仅赢得了收视率，也成了热门的网络话题。佟湘玉的陕西口音开启了网语陕西话热潮，"额滴神呐"代替了司空见惯的"我的天哪"，成为网民新宠。

在现实生活中，人们会为偶尔流露的家乡口音感到窘迫，却乐于在网络上演练方言，比如常用"内是谁呀"代替"那是谁"，把"找到了"说成"找到类"，还有人将"撒""哒""啵"等放在句末以加重地方色彩。网络语言中称"妹妹"为"美眉"、称"我"为"偶"等是对港台口音的模仿。号称"中文第一博客小说"的《乔乔相亲记》是用上海话写成的，且看其中情侣吵架时的一段文字：

> 我急忙解释："那是被逼啊，模特临时伐来了，摄影师又叫阿拉上，结果……"她眼睛一瞪："阿拉？"我马上改口："噢，是吾和灭绝。啊呀，都是假的啦！吾根本伐想啊！"她再次瞪我："侬还

抱伊!""摄影师安排呀……""伊还抱侬!""伐
抱就落下去了……""侬还米孔红!""灯光特捏
啦……""侬还笑着看伊!""我了该嘲笑伊呀!""伊
还含情瞪侬!!""噢,伊在生气……""伊还亲
侬!""那是凳子滑了……""侬!!无作!无作!无
作!么良心额东西!"①

　　小说中浓重的上海口音不仅没有吓跑五湖四海的网民,
反而引发网民好奇并受到读者热烈追捧。在该博客的跟帖里,
有人称赞"写得真好,正宗上海话";有人支持"就用上海
话写吧,这样比较有味道(虽然我也不太懂)";还有人抱怨
"能不能写白话一点,阿拉伐是上海人,有些地方看不太懂",
或是"强烈要求翻译成普通话版本!上了这么多年的学,我
连中国话都看不懂!呜呼,悲哉!"② 这部博客小说后来出版了
纸质版本,并保留了原汁原味的上海话,只是在页面侧边增
加了科普栏,为一些过于难懂的沪语添加了注解。

　　连互联网上通用的英语都能显示出地方色彩。互联网、
手机等新型电子媒介都源自欧美国家,当前通用的电脑键盘,
也是从早期的英文打字机演变而来,其字母顺序、符号排列

<hr>

① 乔乔:《乔乔相亲记》,北方文艺出版社 2005 年版,第 134 页。
② 以上网络评论发表于 2008 年左右,引自乔乔博客《乔乔相亲记》,网址为
http://www.qiaoqiaoblog.com.cn/blog.asp?subjectid=1&name=qiaoliming,内容目前已无
法看到。

等，都按照英文单词的输入习惯优先布置。因此，英语成了电脑、手机等媒介的通行语言。世界不同地区的网民用英语在 ICQ 等早期聊天软件中交流时，又不免用本国文化对其进行改造，并带有结合本土色彩运用的痕迹。如中国人会用拼音"nihao"代替"hello"，用数字"88"（中文读音类似"拜拜"）代替英文"bye-bye"，并热情地向国外网友解释普及；而和东南亚人用英语聊天时，如果在句子末尾打上一个"la"或"lo"，对方一定会认为你是印度尼西亚华人或马来西亚华人。在用本土语言对英语进行灵活改造的同时，互联网上通行的英语词汇、语法等也不可避免地反过来影响各国电子媒介使用者的日常用语，进而渗入其母语。在中文里，英语影响的体现之一是外语中译。英文"faint"对应的中文是"晕"，但同样还对应"分特"，直接用谐音使不熟悉电子语言的人完全摸不着头脑。"PK"经电视节目《超级女声》传播为广大国人熟知，但欲以汉语解释它却需费一番口舌——它成了原样照搬英语的电子词语。"我是你的扇子"并非酷暑之中送清凉，反而是狂热的表白——"fan"在英语里有"迷""扇子"两重含义，其复数"fans"被音译为"粉丝"，成为追星族的标签。"call"在英文中既是打电话的意思，也有调动情绪的含义，中英结合的"打 call"在娱乐节目中表示对某个明星的支持，而大众则更直接地用"打电话"表示支持——从英语到中英结合再到添加汉语词汇意涵，这个过程离不开电子媒介在运用群体中快速达成一致的能力。类似的还有表英语名词复数的"s"。如"jms"，这是一个典型的"混血"词，"姐妹"的拼音首字母加英文字母"s"表示"姐妹们"。英语中的进行时态是在动词后加"ing"，其也被中文电子语言活学活用，如"吃饭 ing……""发呆 ing……"，表示"正在吃饭""正在发呆"。

电子语言有很多相同的流行方式，却没有固定、权威的规格，其使用基于认同。虽然形式变化千奇百怪，但大多数使用者在年龄、知识层面上相仿，或至少在文化趣味和审美倾向上接近，因此其语言结构和思维方式也相似，容易相互理解并受到情绪感染。同时，网络的开放环境打破了知识壁垒，使用者即便有所不解，也可以通过网络搜索知晓，因此这些新奇的语言得以迅速传播，通行于网络。普通话规范统一，便于传播和接受；地方话有鲜明的个性，乡音和土语对个人来说带有难以割舍的感情色彩，而知识交流减少了因地域的不同而造成的认知上的差异；当代人在普通话语境中工作，也经常使用外语——方言、普通话和外语的融合既是跨界使用多元文化元素的结果，又因知识量的增加使得表达力得以增强。

网络媒介为情感找到了出口，使标准、统一的语言趋向分化。方言的独特表达是表明身份、寻找伙伴的线索，又让使用者可以在众多发言中脱颖而出，打破千篇一律的普通话模式，不失为一种表现自己的方法，其新鲜感也可能引起模仿的潮流，因此在电子语言中，方言找到了用武之地。

在电子语言中，常见古汉语和现代汉语的跨界。

文言文是如今可考的古汉语之主体，经过"白话文运动"、汉字简化后，现代汉语和古代汉语在形、音、义等方面出现了较大的差距。一些古代文字被弃置不用，一些假借字、异体字以新字代替。古汉语有较多单音词，而现代汉语里双音词占据主要地位。古汉语里词类活用、词语兼类、句式倒装等时有出现；而现代汉语受到外来语言的影响，形成了不同于古汉语的较为完善的现代语法。

在电脑、手机等新媒介使用的电子语言中，口语表述加视觉接收的特点，使一些单音词重新获得频繁的使用。比如，在网络上看到精彩的言论想要有所回应的时候，人们很少会长篇大论地附和，而是会用"赞""强"来表示认可。如果觉得值得注意的帖子在论坛中位置太靠下，也会来个"顶"字，把帖子"顶"到最上方。在不明就里时用"晕"，在表示佩服、无奈时用"倒"，在觉得不可思议以至于要打冷战时用"寒"……这些网络用法去掉双音词中音节的辅助成分或同义重复的字，所保留的部分能够表示完整的意义，言简意赅，与古汉语多单音词的形式一脉相承。

电子语言使一些原本已经消失的古汉语词重新通行，并在新的语境下生发出特殊的新意涵。如"梅"的异体字"槑"，原本藏在字典的角落里几乎已被遗忘，但在成为电子词语之后，它却频繁曝光，其读音变成"呆呆"，意思则变为"加倍呆"，论坛中不时能看到"看我是不是很槑""你也太槑了吧"之类的说法。"囧"的本义是窗口通明，已经没有多少人认识，而在电子语言中，它因像一张耷拉着眉毛的苦脸而"复活"，被用作感叹词，其读音同"窘"，意思也成了"窘迫、受委屈"，如"今天看房没看成，囧啊！""好囧的一张脸""我今天囧呆了"等。"囧"字是如此可爱，以至于网络上不仅有专门的"囧吧"，还出现了"一日一囧"视频站，专门收集各类"囧人囧事"。图 4-1 即被网络赋予新意的古汉语词。

图 4-1　古词新意图例

古汉语词中常有兼类和活用现象，语法也比较随意，以表达意思为目的；现代汉语则比较规矩谨慎，尽可能避免一词多义、一词多性，防止意义不确或不明。在具有口语特点的电子语言中，词类活用特别常见。如"汗"，单独用在现代汉语中时作名词，而在网络上，它既是动词"出汗"，又是形容词"汗颜"，引申为"尴尬、丢人、难堪"，使用者不仅可以单独用"汗"，还可以说"很汗""超汗"。网络红人"芙蓉姐姐"出现后，名词"芙蓉"就有了形容词用法。又如在手机短信中常常见到的"速电我""一会儿短信你"等说法，"打电话"被缩略为"电"，"短信"被活用为动词，语序也被颠倒，其词性和语法都有所变化。"雷"可以说是因词性变化而广为流行的网络用法。在电子语言中，其动词用法"复活"，意思变成"使人震惊，吓人一跳"，如："我被雷倒了！""这个帖子真雷人！"

　　假借是汉字造字法之一。古代汉字数量有限，当需要表达新的意思时，会依照其语音在原有的字中"假借"一个同音字来表示。所谓"假借者，本无其字，依声托事，'令''长'是也"。"令"原本是"命令"的意思，后用在"县令"等词语中；"长"原本是"长发"的意思，后表示时间长久。在当今日趋规范、完善的汉语中，这种使用方式比较少见，但在电子媒介领域中，假借复苏并风靡了起来。电子语言里许多看似是"错别字"的文字，其实是刻意为之的假借。① 如在网络论坛上报到，问候时以"大家嚎"代替"大家好"，仿佛说话人大声叫喊，也希望网友们看到后能做出回应，类似的还有"大家吼"。网络空间是一个奇妙的地方，虽然多人共处，却是异地在场，如果没有回应，就无法感知

---

① 参见蒋原伦：《网络聊天的语用和文化》，《北京师范大学学报》（社会科学版）2006 年第 2 期。

对方的存在。电子语言中有煽动性和情绪色彩的假借新词，其利用新鲜感和幽默感使寂静的媒介空间活跃了起来。"横横"假借"横"的"蛮横"字义，利用与"哼"相近的语音，表示冷笑。这样的笑法使人脑海中浮现出一张无所顾忌的脸，比起"哼哼"来气势更盛。以"捏"代替"呢"，开口和发声都较小，有小心翼翼、嗲声嗲气的效果。在"好乐""回来乐"里，以"乐"代替"了"，显示出好心情。而用"大吃一斤"代替"大吃一惊"则令人捧腹。因需要文字输入，电子语言多半简短，但人们的情绪又随心所欲、跌宕起伏，远非短短几个字就能表明。故意假借同音字融合多种意思的做法，能够综合情绪，转换语气，引起注意。

图形与文字的汇集在电子语言中也很常见。

艺术表达的极致是使受众忘记媒介界面，获得共通的审美享受。具有画面感，引人入胜，能使人身临其境，就是语言文字表达追求的目标。王维的"明月松间照，清泉石上流"，诗中有画，意境悠远；杜甫的"留连戏蝶时时舞，自在娇莺恰恰啼"，灵动跳脱，活力四射。这样的句子脱离了文学素养的高低和古今语言的差异，虽是文字却似画面。电子媒介这种有声有形的载体为加强语言文字的形象性和表达力提供了机会，如拆字、换词、应用符号图形、手写手绘等方式，只有在电子媒介中才能得到灵活运用。

拆字是电子语言的通行做法，如"弓虽""丁页"，就是将原本左右结构的"强""顶"拆开。拆开后，加宽了的字形仿佛马步蹲裆、全力支撑的模样，显得更加"憨厚"。"胖""肥"等拆开后变成"月半""月巴"，一个字占据两个位置，其肥胖走形之态跃然纸上。拆字法在视觉上有陌生化的效果。受完形心理学的影响，人们仍惯性地将拆开的字看作一个字，一般不会引起误读和歧义。在图4-2中，网民将"胖"字拆分成"月半"，"妈妈"（这里用"麻麻"代替"妈妈"）看起来更"胖"了。

月半麻麻

图4-2　拆字图例

　　用新词表达原有的意思，或者采用全新的文字组合，也是增加电子语言形象感的方式之一。论坛回帖按照时间顺序排列，第一个回复的被称为"沙发"。此词来源说法不一，有人说是"so fast"的音译，也有人说源于中国台湾。但广大网民不用追踪溯源，它的意思简单明了：最早发现这个帖子的人，可以占据有利位置，坐在宽敞柔软的大沙发上舒舒服服地读帖回帖；跟在后面的人则要"坐板凳""坐凉席""蹲地上"；再晚的则只能"站一边看着""踮起脚尖从人缝里瞄一眼"……用语言在网络空间排起了队。在这种网络群体集会里，吸引人的不仅是语言内容，还有扎堆凑热闹的兴奋，其创造出拥挤的画面感。为了加强语言的形象性，使动作惟妙惟肖地体现在文字中，网民自创新词，如："翻迎"，虽是欢迎，却有欢呼雀跃、翻着跟头欢迎的意思；"跪求"，将一般的恳求升了个档次，以虚拟形体动作渲染急切的心情。在图4-3中，获得趣味解读的数字、图形也加入了电子语言的队伍。

图4-3　数字活用图例

电子语言的形象化还源于符号、图形的大量应用。早在1982年，网络文化还远远未被公众认识之前，一些简单的表情符如"：-）""：-（"等就已被应用于专业技术人员之间的网络对话。2007年，网络上还专门为"：-）"笑脸符号组织了二十五岁生日纪念活动。[①]电子技术的发展使媒介界面更加活跃生动，一些文字直接替换为图画，文图兼容。电子媒介交流成为一种跨越特定语言，兼具形、声、义的多向复合行为。电子语言是一种新的语言形式，它脱离了文字和声音的局限，创造出图画语言。有动漫基础和网络技术的

---

① 朱冠楠：《笑脸和怪脸》，《北京晚报》2007年9月30日。

绘画者在网络上进行了一系列的美化，创造出"洋葱头""兔斯基""悠嘻猴""小破孩"等系列，以图配字或以图代字，非常生动。无法自己创作的普通人也可根据喜好下载各类表情，组合使用，体现个性化心情。

电子语言来源驳杂、形式随意，由特定人群的交际习惯决定，被研究者归类为社会方言①，但从其诞生、形态和使用者等方面看，却与载体联系更为密切，应被称为"媒介语言"。电子语言中图形、符号与文字混杂，算是一种"符语"②，虽然目前大部分还不确定、不规范，却在使用的过程中日益积累、沉淀，逐渐通行而为公众所认识。2007年8月，教育部公布了171个新词③，其中"博斗""换客""谷歌"等完全生于网络，却已走出电子媒介，影响到印刷语言，成为日常用语。

不同媒介时代有不同的语言，电子语言的特色与电子媒介传输便利、复制快捷、呈现方式多样、支持多人共享的技术特性有关。虽说电子语言诞生于电子媒介，但传统的电子媒介——广播、电视中的语言却不在此列，这类语言延续了印刷传统，是印刷语言的引入，并没有突出电子媒介的特点。

---

① 刘乃仲、马连鹏：《网络语言：新兴的网络社会方言》，《大连理工大学学报》（社会科学版）2003年第3期。赵均：《网络语言概说》，《现代传播》2005年第2期。
② 宋卫平：《如何看待"网络语言"》，《光明日报》2006年12月7日。
③ 赵媛媛：《教育部发布171个新词 有人质疑有人支持》，《北京青年报》2007年8月17日。

印刷媒介在数千年发展过程中树立起的权威地位使其与权力息息相关，在电子媒介出现时仍有强大的威力。早期的电子媒介在权力主导下不断进行"印刷化"努力。新闻和报纸摘要等贴着印刷标签；纪录片学习论文写法，分段、举例、引用专家观点……这些方式都是电子媒介初期的表现形式。在这些尝试中，电子媒体受到印刷媒介的强力压制，自觉或不自觉地使自身致力于变成印刷品：单一叙述、单向传播、权威语气，甚至抹杀即时传输的优势，为的是有一个类似"校对"的审验缓冲期，从而获得它所谓的正确性和完整性。其实，它们完全是既定印刷媒介权力的延伸，其中看不到普通人，看不到民间的力量。印刷媒介的权威地位使得媒介内容"出错"不可容忍，民众倾向于将报纸、电视内容当作事实乃至真理。但是，随着广播、电视节目的多样化，一些转变悄悄显现："真人秀"把普通人带上荧屏，播音员适当地用起了港台腔，听众点播、拨打热线等方式成为有益的探索，"××读报"则诠释了事件跨越媒体边界而获得多种解读的可能。网络和手机的出现与普及制造出一种全新的电子语言，从而提升了电子媒介的影响力。而广播、电视节目也不得不增加互动内容，电脑和手机上的民众语言直接影响到广播、电视。更重要的是，电脑和手机是充分互动性的，公众成为电子语言的主要发声者，这无疑有助于从认识上打破独裁的话语观念。与其说这使广播、电视节目呈现网络化趋势，不如说它们终于发现了自身作为电子媒介的某种缺陷和失落。而向电脑、手机等新媒介靠拢，成为它们获取新的生存空间的必由之路。

电子语言在促使诸多新词诞生的同时，也加速了一些旧词语的灭亡。像"不见不散"这样信誓旦旦的承诺就因电子媒介交流的便利性而被"等我电话"替代，逐渐从人们的视野中消失而不见踪影。语言反映了人们的思维方式、生活方式的变化。本雅明曾经感叹在工业时代大量复制的过程中，艺术品灵韵正在逐渐消失。而在手稿转变为打印稿、E-mail代替了书信的时代，手写体的重要性也正在逐渐丧失。据悉，作为业余发明家的加拿大女作家、布克奖得主阿特伍德曾研制出一种远程签售机，以便世界各地热情的书迷足不出户就能得到其签名"真迹"。可以想象，可加密、可识别的电子印鉴有朝一日必将取代亲笔签名，而手机上频繁收到的短信息也会以无孔不入的关怀让古典浪漫的情书变成橱窗中的手迹展品。

电子语言贯通古今、融合中外，突破书面和口语局限，是对整齐划一的工业标准的挑战。它以交流和领会为主，在外在的标记、符号方面则自由发挥，没有固定的准则，是一种个性化的语言。电子媒介时代的民众主动掌握了新的交流领域，并创造出属于自己的、最适合表达自己的情感和意志的语言。在电子媒介领域内，民众是积极参与者而不是经统一标准灌输后墨守成规的驯服者，他们更看重语言的独特性，个性化的发挥带来了电子语言的创新性和多样性。但也正是因为电子媒体的传受者众多，电子语言更替频繁、创新不断。这些特点与电子媒介传播便利、打破知识壁垒等媒介特性息息相关。

生动、具有口语性质的电子语言成为一种新的语言艺术，它充分尊重每个人的创造力，其中闪现着个性化的不可复制的语言形式和语句组合。电子语言反映着民众的力量，推动文化风格的发展，并在当代文化的嬗变中留下了看得见的痕迹。

第三节 ●
电子语言与次生口语文化 ●

　　"次生口语文化"是媒介理论家沃尔特·翁提出的著名说法，这是与"原生口语文化"（primary orality）相对的概念。原生口语文化是不知文字为何物的文化，次生口语文化是从电子传媒中衍生出来的新口语文化："有了电话、电视和各种录音设备之后，电子技术又把我们带进了一个'次生口语文化'的时代。"次生口语文化与原生口语文化在"参与的神秘性""社群感的养成""专注当下的一刻甚至套语的使用"等方面存在"惊人的相似之处"。[①] 在沃尔特·翁之前，受刘易斯·芒福德早期思想中技术有机论的影响，麦克卢汉对电子时代持乐观态度，并明确将其与口头传统联系起来，认为印刷文化形成了专门化的思维方式与视觉空间，而电子技术带来了整体的、同步感知的性质与动态的声觉空间，后者与口头文化相似，因此"口头文化在我们的电子时代复活

[①] 沃尔特·翁:《口语文化与书面文化：语词的技术化》，何道宽译，北京大学出版社2008年版，第103页。

了"①，而为了应对电子时代的挑战，需要"重新发现"口头传统②。麦克卢汉的观点产生了强烈影响③，作为麦克卢汉的学生与同事，沃尔特·翁的次生口语文化理论是对其观念的深化，其重要意义在于：一是"次生"的概念既有助于将电子时代的口语文化与"原生"的口头传统相联系，同时又体现出两者的深刻区别——相比麦克卢汉只是强调它们之间的联系，这显然是更为辩证的理解；二是有助于打破"口承—书写"（orality–literacy）大论战中将两者对立起来的"认识论偏斜"，既强调它们的结合与融入，也走向了口头传统、书写文化与电子传媒的"三维观照"。④

沃尔特·翁认为电子传媒带来了次生口语文化，显然电子语言就是这样的次生口语文化。在互联网兴起后，次生口语文化得到了怎样的发展？穆尔认为，互联网带来的次生口语文化规模远超沃尔特·翁所说的大众传媒："当昂格（即沃尔特·翁——引者注）在 1982 年出版他的书时，个人电脑仅仅取得初步性的突破。从那时起，互联网上的电子传播形式的发展，显示了昂格所界说的'次生口语的特征'的力量

---

① 参见麦克卢汉为《传播的偏向》（哈罗德·伊尼斯著，何道宽译，中国人民大学出版社 2003 年版）一书所写的序言第 4 页。
② 马歇尔·麦克卢汉：《理解媒介——论人的延伸》，何道宽译，商务印书馆 2000 年版，第 56 页。
③ 参见诺思洛普·弗莱：《批评之路》，王逢振、秦明利译，北京大学出版社 1998 年版，第 105 页。
④ 参见巴莫曲布嫫：《口头传统·书写文化·电子传媒——兼谈文化多样性讨论中的民俗学视界》，《广西民族研究》2004 年第 2 期。

甚至比经典的大众传媒要强大得多。电子邮件、电子新闻群发、聊天室（电话聊天在线记录的变体）提供了一个令人惊讶的书写和口头交流的混合体。"[①] 被称为"数字时代的麦克卢汉"的保罗·莱文森大力鼓吹网络交流与口头交流的相通性，认为两者的联系是"显而易见的"，借助网络，"我们的手指头就在键盘上行使走路和说话的功能了"[②]，他甚至认为麦克卢汉所说的声觉空间主要见于赛博空间那种"在线"的、字母表似的环境之中。[③] 我国研究口头文化的著名学者朝戈金也有类似看法："在互联网时代，口头语言不仅没有被抑制，还获得了新的发展。……我们进入了'次生的口语文化'时代。信息交流还是遵循着口头传统的基本交流规则，只不过不再是面对面交流，而是在网络平台上交流而已。"[④] 著名口头文化研究学者、口头传统研究国际学会发起人约翰·迈尔斯·弗里则在遗著《口头传统与互联网：思维通道》中全面探讨了口头传统与互联网在思维方式、实践机制方面的共通性，这种探讨在他所说的口头集市（oAgora）、电子集市（eAgora）和文本集市（tAgora）三者之间展开。在文本

---

① 约斯·德·穆尔：《赛博空间的奥德赛——走向虚拟本体论与人类学》，麦永雄译，广西师范大学出版社 2007 年版，第 226—227 页。
② 保罗·莱文森：《数字麦克卢汉——信息化新纪元指南》，何道宽译，社会科学文献出版社 2001 年版，第 44 页。
③ 保罗·莱文森：《数字麦克卢汉——信息化新纪元指南》，何道宽译，社会科学文献出版社 2001 年版，第 65 页。
④ 朝戈金：《口头传统在文明互鉴中的作用》，《中国民族报》2019 年 5 月 24 日第 6 版。

集市中，入口是受限的，交流是异步的，强调静观与远离事件，注重所有权与购买，面对的是独立的事物（things）；而口头集市与电子集市是开放的入口，交流具有即时性，是事件（event）的一部分，强调合作与共享，面对的是无法中断、无法回收的系统（systems）；等等[1]。弗里对网络时代口头文化的前景与勃兴充满期待："是否因为有了互联网，我们又回到了一种比默认的书本与页面媒介更基本的表达和交流的方式？""在经历了数百年的线下活动之后，我们现在又回到了线上吗？"[2]

从实际情况来看，互联网确实促成了次生口语文化的大爆发，带来了交流方式前所未有的革命与转型，它轻易地把现实社会中的茶馆、沙龙复制到了虚拟空间，提供了数量大得多的论坛、聊天室等会话场所，同时汇聚了海量的人群，让每个人都有了言说（发帖与跟帖）的机会，由此创造了比现实社会机会更多、规模更大的聊天交互。而随着 web 2.0 的兴起及移动互联网的发展，次生口语文化的浪潮表现得更加猛烈。莱文森提出了"新新媒介"的概念，"新新媒介的固有属性是社交"[3]。各种社交软件对日常生活展开了全方位

---

[1] John Miles Foley, *Oral Tradition and the Internet: Pathways of the Mind*, University of Illinois Press, 2012, pp.43-49.

[2] John Miles Foley, *Oral Tradition and the Internet: Pathways of the Mind*, University of Illinois Press, 2012, p.181.

[3] 保罗·莱文森：《新新媒介》，何道宽译，复旦大学出版社 2011 年版，第 4 页。

的渗透，正是在这种语境下，美国学者乔纳·萨克斯提出了"数字口语时代"，认为立足于社交网络，一个"数字口语时代"已经应运而生。[①]

那么，如何理解互联网带来的次生口语文化？在我们看来，一方面，既然在性质上属于或接近口语文化，它就或多或少具有沃尔特·翁所说的原生口语文化的九大特征[②]；另一方面，它跟原生口语文化之间也有明显的区别，比如产生的群体比原生口语文化大得多，人人言说的氛围淡化了口头传统中的等级与权威，等等。除此之外，还需要特别注意以下三点。

第一，网络带来的次生口语文化不是真实的会话，而是虚拟的仿真会话。学者布卢斯·格龙贝克认为，次生口语文化不是真实的会话，而是虚拟的仿真会话，是一种感觉，一种以电影、广播、电视、电话和因特网等为载体，由言语、视觉、声觉构建的公共会话。[③]会话的中介性、仿真性是它不同于原生口语文化的重要特征。也就是说，次生口语文化带有解释者的形象，过去那种口语交谈的感觉在新世纪重新浮出水面，但形象已有所变化。因此它不是对口头传统的复

---

① Jonah Sachs, *Winning the Story Wars: Why Those Who Tell — and Live — the Best Stories Will Rule the Future*, Harvard Business Review Press, 2012, p.14.

② 参见沃尔特·翁：《口语文化与书面文化：语词的技术化》，何道宽译，北京大学出版社 2008 年版，第 27—43 页。

③ 布卢斯·格龙贝克：《口语—文字定理与媒介环境学》，载林文刚编：《媒介环境学：思想沿革与多维视野》，何道宽译，北京大学出版社 2007 年版，第 271 页。

制，而是重建。

第二，这是语音与文字夹杂、以文字为主的次生口语文化，体现出口承与书写的深层结合，既受到文字反思性的制约，又恢复了口语文化的根本属性。一方面，网络交流中的语音及文字，会受到书面思维的深刻塑造，是"永远基于文字和印刷术之上的口语文化"[①]；另一方面，它虽然主要是文字的，却恢复了口语文化的动态性与交互性。文字似乎是固定的、单向的，但在莱文森看来，"非互动性"并非文字本身的属性，而是其物质伙伴（纸）要求的属性，网上交流的文字"拥有轻而易举的互动性"。在此基础上，他认为麦克卢汉欣赏的电视并非典型的声觉空间，赛博空间才是其"最典型的表现形式"，网上互动"再现（retrieval）和放大了一种基本的声觉动态属性"。[②] 莱文森的说法有道理，电视虽然体现了马赛克原理，但实际上是鲍德里亚所说的"无回应的言语"[③]。沃尔特·翁也意识到了这一点，他虽然将电视看成是次生口语文化，但认为人的交流和媒介模式的交流有根本区别——前者需要反馈，而在后者中，讯息只是"从发送者

---

① 沃尔特·翁：《口语文化与书面文化：语词的技术化》，何道宽译，北京大学出版社 2008 年版，第 104 页。
② 保罗·莱文森：《数字麦克卢汉——信息化新纪元指南》，何道宽译，社会科学文献出版社 2001 年版，第 70—71 页。
③ Jean Baudrillard, "Requiem for the Media", in Jean Baudrillard, *For a Critique of the Political Economy of the Sign*, Charles Levin trans., Telos Press, 1981, p.169.

的位置传递到接收者的位置"①。显然，他所说的媒介交流局限于电视等传统大众媒介。网络的媒介交流显然与此不同，具有突出的交互性。在此意义上，莱文森认为，由广播与电视受众组成的地球村只是"象征意义"的，"在线社区"才是"真正意义上的地球村"。②换言之，电视虽然凸显了语音与马赛克原理，但其自指性、独白性、单向性甚至比印刷文化更突出；网络交流虽以文字为主，却重现了口语文化的根本精神。

　　第三，网络带来的次生口语文化侧重的不是"遗存"，而是"新生"与"重建"。虽然沃尔特·翁提出"次生口语文化"，但他侧重的是口语遗存（oral residue）这个维度："广播电视诱发了次生口语文化，其中的遗存性口语和'文字性口语'（literate orality）尚待我们深入研究。"③这实际上也是不少学者口语文化研究的主要思路，也就是说，从口语文化到"书写—印刷"文化的历史转变并非一种断裂，而是呈现为

①　沃尔特·翁：《口语文化与书面文化：语词的技术化》，何道宽译，北京大学出版社 2008 年版，第 136 页。
②　保罗·莱文森：《软利器：信息革命的自然历史与未来》，何道宽译，复旦大学出版社 2011 年版，第 111 页。
③　沃尔特·翁：《口语文化与书面文化：语词的技术化》，何道宽译，北京大学出版社 2008 年版，第 123 页。沃尔特·翁提出"口语遗存"的概念，其研究主要也是这种思路，可参见 Walter J. Ong, *Rhetoric, Romance and Technology: Studies in the Interaction of Expression and Culture*, Cornell University Press, 1971, pp.23-47, 284-303; Walter J. Ong, *Interfaces of the Word: Studies in the Evolution of Consciousness and Culture*, Cornell University Press, 1977, pp.53-81；沃尔特·翁：《口语文化与书面文化：语词的技术化》，何道宽译，北京大学出版社 2008 年版，第 87—88 页。

"口语文化的韧性"①,需要注意口头传统在印刷文化大一统过程中的"抵抗"与"遗留"。落实到口头文化到印刷文化的转型这一背景上,这种研究是完全应该的,也是很有价值的。但如果只是从"遗存"角度来理解次生口语文化,将当下的文化变迁视为口头传统的残留物,那么对过去的理解就是静止的,更容易抹杀新生口语文化的特点。对网络时代的次生口语文化来说,与其说它是遗存与残留,不如说它是新生与重建,既要注意新的语境是否复兴了口头文化的传统特征,也要考察其是否产生了新的口语形式与内容。与此同时,"残留文化"的概念意味着边缘化存在,是主流文化排斥或压抑的经验或意义,按照资深翻译家何道宽的理解,次生口语文化是"次生"的,也就是第二位的,意味着此时"口头交谈只扮演相对次要的角色"②。但就网络次生口语文化来说,它在日常生活中并非次要的,不如说恰好相反,它已成为主流,传统的印刷文化、电子文化也需要进入网络媒介才能真正起作用,日常生活中"O2O"模式的兴起表明了这种趋势。③

---

① 沃尔特·翁:《口语文化与书面文化:语词的技术化》,何道宽译,北京大学出版社 2008 年版,第 87 页。
② 沃尔特·翁:《口语文化与书面文化:语词的技术化》,何道宽译,北京大学出版社 2008 年版,译者前言第 7 页。
③ "O2O"(Online to Offline)是美国 Trialpay 创始人亚历克斯·兰佩尔在 2011 年提出的从线上到线下的消费模式。"O2O"模式兴起的关键之一就在于大众点评(次生口语)带来的网络口碑作用。"O2O"的兴起印证了曼纽尔·卡斯特的说法,即随着网络社会的发展,所有信息只能采取"出现"或"缺席"的"二元模式",唯有在媒体沟通系统中出现,才能"社会化"并产生有效影响。(Manuel Castells, *The Rise of the Network Society*, 2nd ed., Wiley-Blackwell, 2010, p.405.)

　　麦克卢汉的"媒介四定律"认为媒介总是会放大、遮蔽、再现社会生活的某个方面，或逆转为其他东西。[1]莱文森提出"补救性媒介"（remedial media），认为媒介演化历史是一种补救过程，后兴起的媒介往往是对前面媒介的改进。[2]在网络时代，次生口语文化勃兴的意义在于，它构成了逆向再现或"补救"，释放与重建了被印刷文化所遮蔽、压抑的某些文化可能性。麦克卢汉认为："印刷术的同一性、连续性和线条性原则，压倒了封建的、口耳相传文化的社会的纷繁复杂性。"[3]沃尔特·翁有类似看法，认为"空间控制是印刷术压倒一切的目标"，而空间控制带来的是"一个冷漠的、不带人情味的、始终如一的由事实组成的世界"。[4]这是一次动态世界观向静态世界观的转型，是一个将文化与环境相分离并固化于文本之中的"去活态化"的过程。而网络带来的次生口语文化，促成了口头传统的复兴与重建，构成了"再活态化"的可能。南丹麦大学的学者托马斯·佩提特，借鉴同事索尔伯格提出的"谷登堡括号"（the Gutenberg parenthesis），

[1]　Marshall McLuhan, Eric McLuhan, *Laws of Media: The New Science*, University of Toronto Press, 1988, p7.

[2]　保罗·莱文森：《软利器：信息革命的自然历史与未来》，何道宽译，复旦大学出版社2011年版，第90—98页；保罗·莱文森：《数字麦克卢汉——信息化新纪元指南》，何道宽译，社会科学文献出版社2001年版，第254—255页。

[3]　马歇尔·麦克卢汉：《理解媒介——论人的延伸》，何道宽译，商务印书馆2000年版，第41页。

[4]　沃尔特·翁：《口语文化与书面文化：语词的技术化》，何道宽译，北京大学出版社2008年版，第92—93页。

认为谷登堡印刷术带来了人类文化史的不同分期，印刷文化构成了框架与限制（括号），而"括号"前后的两个时期（口头传统与数字媒介）跨越了框架、边界与限制，具有相似的开放性、动态性。因此，被"超文本所支撑的新的次生口语传统"也许是对人类社会核心的实践和思维方式的回归。[①]我们认为，这正是网络次生口语文化的重要价值。显然，面对从印刷文化到次生口语文化的转型，借用口头传统的视野，能让我们更清晰地看待与理解当前文化和文学面临的变革，但是这绝非要回归原始的口语文化，更不是将两者等同，而是更高层面的重建，是着眼于网络次生口语文化自身的特点展开的研究。与此同时，这也不是"伊甸园—失乐园—得乐园"的黑格尔式辩证法，我们既要看到网络次生口语文化带来的文化变革可能性，也要认识到印刷文化对民主政体、普遍教育、宗教改革、现代科学等方面的巨大推动作用，还要充分注意新媒体的负面后果。

---

① 参见麻省理工学院讲座："谷登堡括号：口头传统与数字技术"（The Gutenberg Parenthesis: Oral Tradition and Digital Technologies），http://web.mit.edu/comm-forum/legacy/forums/gutenberg_parenthesis.htmtl，2010 年 4 月 1 日。

第四节　●
网络文学的语言　●

　　印刷文化与次生口语文化的碰撞与交融，给文学变革带来了重要契机，这种变革在网络文学，特别是在次生口语文化语境中发展起来的中国网络文学中，表现得比较突出。在此意义上，我们需从两个层面来理解网络文学。首先，从次生口语文化的角度审视网络文学的属性与价值。著名媒介理论家埃里克·哈弗洛克曾提出"文本能否说话"（Can a text speak?）的重要命题，试图让古希腊的文本重新"说话"，即通过文本世界去看口传世界。[①] 这对网络文学的研究有重要启示。目前我们习惯于从文本角度来研究网络文学，而忽视了其中的口传世界。当然，如前所述，这并非侧重挖掘其中的遗存性口语，而是重点揭示网络社交口语文化的渗透与投射。其次，在考察网络文学与次生口语文化之关系的基础上，深入揭示社会文化变迁与人类心理结构的转型。学者先聆认为网络"恢复了五千年前文化、文学口头传播的某种特点"，

[①]　Eric A. Havelock, *The Muse Learns to Write*, Yale University Press, 1986, pp.44-53.

这是历史在更高层面的重复，因此我们应该"站在人、人类的视野上来研究和看待网络文学"。[①] 这显然是富有启发性的见解。站在文学人类学的高度，借用口头传统的视野，从网络文学中考察人类社会从"部落化"到"非部落化"再到"重新部落化"的历史过程，这是网络文学研究的重要意义。

文学是语言的艺术，网络文学一词本身就体现出媒体和文学两个维度的性质。作为文学在互联网新媒介上介入与生发的产物，其语言的呈现及流变，可看作新媒介语言发展变化的代表之一。中国网络文学是伴随网络文化兴起的，但其本体并非单一确定的，而是包容驳杂的。但就其语言层面来说，早期"数位诗"".COM 文学"等曾探索图语、动图、超链接等依附于屏幕和编程手段的视觉表达方式；收费订阅文学网站兴起后，从论坛故事连载而来的通俗类型文学则以数量巨大、意义稀薄的口语式文字为主体，与屏幕多媒体完全脱钩；随着网络文学现象的壮大与社交媒体的发展，多媒体和长故事已不能涵盖这一对象，网络文学又包含了网民之间的点评、交互、改写，以及话题的生发演变，而这一特色又离不开互联网独特的次生口语文化环境。

在数位诗和立体小说中，可以看到利用新媒介"制作语言"的现象。

---

① 先聆：《论文学人类学在网络文学评论中的使命》，《当代文坛》2006 年第 6 期。

图像、声音和动态画面，是屏幕不同于纸面的最大优势，也使电子媒体与印刷媒体边界分明。然而，个人终端出现之后，屏幕和纸张的区分却不再明显。早期寻呼机的功能是传送文字简讯，但粗陋的液晶屏上依然有着"俄罗斯方块""推箱子"之类的动态游戏。如今，视频和游戏成为网络上的主流娱乐项目，导致有人担忧以语言文字为表达手段的文学将在网络时代消弭。然而，有趣的是，在充斥着音像的网络娱乐中，网络文学不仅并未消亡，甚至成为唯一坚守纯文字阵地的娱乐项目。

网络文学朴素的文字面貌并非一以贯之，在其发展演变过程中，为应对"读图时代"，领域中不同代表人物和流派曾有过诸多尝试：数位诗通过计算机技术进行了数码表达和文学艺术融合的最初尝试；网易".COM 文学"栏目中一些作品则以游戏的方式探索文字与图像结合的可能；被誉为"网络文学第一代表作"的《第一次的亲密接触》借助标点符号昭示网络语言可视性发展的方向……在声像融合的网络上，网络文学作品对语言文字和符号表达进行了多方探索，逐步形成如今纯文字的"既视感"表达追求——在看似不变的文字背后，是对读者感知极其敏感、灵活应用文字表达的网络文学观。

数位诗是文学在屏幕上展开的视觉探索，它是 20 世纪 90 年代末中国台湾媒体对网络上发布的用电脑技术创作的诗歌的统称。在中国台湾早期的网络文学中，数位诗的作品形式、技术含量及成果数量等具备代表性，其中尤其引人注目的是以编程技术结合屏幕多媒体表现创造出的新的诗歌语言。数位诗是诗歌文体和互联网技术相互选择的结果。诗歌本身先锋性强、注重形式且致力于媒介拓展。如果说叙事文体依靠的主要是语言文字的意义理解，那么诗歌在此之上还多了对形式、声音的追求。在印刷文学时代，诗歌中就不乏突破纸张二维平面、引导思维和感觉多向延伸的特点，声音、身体、朗读过程和私人生活都被纳入诗歌。互联网技术表达的多样性、屏幕对视觉感受的冲击力、链接跳转的结构立体性等优势，对诗歌充满诱惑力。可以想见诗人邂逅网络的喜悦，他们迫不及待地放下手中的笔，开始尝试敲击键盘，甚至学习编程，以便用全新语言展示思维的轨迹。在诗歌登上电脑的同时，电脑媒体也在寻找与印刷文化的交接点。早期公众不适应屏幕阅读，长篇大论在网络上不受欢迎，推崇短小精悍、形式新异者成为网络文学主流。因此，数位诗成为早期文学与网络的契合点。

由于域名、服务器等限制，许多早期数位诗网页如今已不见踪影，我们无法亲眼看到所有数位诗的样貌。但一些研究者进行了较为翔实的记录，从中可窥得一二。

台湾东华大学须文蔚教授在《台湾数位文学论》一书中，将数位诗分为"新具体诗""多向诗""多媒体诗""互动诗"四类进行描述。[①] 下文引用书中的定义，部分词句略有修改。

1. 新具体诗：从视觉角度来安排字母、词汇、词汇片段或标点符号，进而产生特殊意象的诗体，因此也有人称之为视觉诗（visual poetry）。网络上出现的新具体诗结合了文书排版、绘画、摄影与电脑合成的技术，强调视觉引发诗的思考。

2. 多向诗：多向文本是数位先驱 Ted Nelson 在 20 世纪 60 年代创造的观念词，意指一个没有连续性的书写系统，文本枝散而靠联机串起，读者可以随意读取。这种展现形式应当算是网络不同于一般纸本叙述的精髓所在。在这种叙事的结构安排下，读者并非跟从单线而循序渐进的思考方式阅读，语意因而断裂，曲径通幽，柳暗花明，读者可以从一个语境跳连到另一个语境。

3. 多媒体诗：指数字诗整合文字、图形、动画、声音于一炉，这种接近影视媒体的创作文本。表现形态为：利用 GIF Animator、GIF Construction Set 等动画软件将文字或图画编写成动画；或利用

---

① 须文蔚：《台湾数位文学论》，二鱼文化事业有限公司 2003 年版，第二章。

Director 等更高阶的动画写作软件，混入声音，并利用类似电影剪接的技巧来安排播放的内容。

4. 互动诗：在数字诗的写作中配合，如利用"共同网关接口"（CGI），或是 JAVA 程序，使作品不仅仅是展示，读者也不仅仅是利用多向文本阅读，这一类型的作品由于开放读者响应信息，开创出一种平面媒体无法实现的互动性。

在其另一篇文章《信息科技冲击下的台湾文学环境——数位文学的破与立》[①] 中，须文蔚教授对中国台湾数位诗的代表作者和作品形态进行概括。实验创作这类网络文学的代表作家有曹志涟（涩柿子）、姚大钧（响葫芦）、李顺兴、向阳、代橘、苏绍连等。主要网站有 1997 年成立的"妙缪庙"，以及自 1998 年夏天起陆续成立的"歧路花园""全方位艺术家联盟""台湾网络诗实验室"等。代表作品有曹志涟的《40° 诗》《观澜赋》等，其以文字构成图画，或是肢解文字重新排列，创造出禅意、古典抒情与观念艺术兼具的数位诗，影响了许多后继者。以 Flash 创作多媒体诗成就最丰富者，莫过于苏绍连。他的《现代诗的岛屿》与《Flash 超文学》合

---

① 须文蔚：《信息科技冲击下的台湾文学环境——数位文学的破与立》，http://www.chinawriter.com.cn/bk/2013-01-25/67561.html，2013 年 1 月 25 日。

计百首创作，质量俱佳，无论在现代诗语言的掌握，还是在文字、图像、动画与游戏装置的结合上，均成为中国台湾数位文学相当重要的成就。诗人白灵的《金门人的告白岁月》和《乒乓诗》系列多首创作，集拼贴与游戏于一身，也传达出指涉现实的沧桑感受。

图4-4为数位诗作品《心在变》。该作品的题目运用了图片、艺术字、颜色和闪动特效。在打开网页时，诗歌正文文字排列成心形，读者点击鼠标后，各行文字即开始水平移动，真正从视觉感受上呈现出"心在变"的主题。

图4-4 数位诗《心在变》截图

随着网络文学在技术、主体、审美趣味等方面的发展变化，数位诗早已淡出人们的视野，但这些实验性文本对文学语言、图像语言和编程语言的应用探索依然具备开创性意义。

立体小说则力图在屏幕语言中生产多向体验。在诗歌之外，立体小说抓住了互联网拓展文学结构纵深和丰富形态表现的可能性。这方面，中国台湾作家和艺术家同样提供了案例。《花瓣球》是姚大钧利用计算机绘图软件与动画软件的复制功能所呈现出的作品，在呈现的手法上跨媒体结合了更新的计算机技术，简化了绘画或动画艺术的手续，让精笔绘画或是具有立体质感的动画变得更简易。曹志涟的《某代风流》则被称为具有汉赋的文字质感、方志中商贾适用的地图、"聊斋"式样的笔记叙事、烦琐精确的圣旨、古典的绘画与金石的影像投射等。①

20 世纪 90 年代末，中国大陆网络文学也崭露头角。虽然上网人数有限，作品也屈指可数，但新媒体让不落窠臼的文学在观念上实现突破。当时网上有贴近纯文学的"榕树下"、以故事见长的"新浪论坛"、以扫描上传为特色的"亦凡公益图书馆"，以及综合门户网易文化频道的".COM 文学"。".COM 文学"曾开展"限时接龙""同题集体创作"等游戏征文活动，在对电子语言的运用方面贡献了独特的力量。

时代文艺出版社出版的作家孙健敏的小说《天堂尽头——电子游戏 * 程序》，网络版本名为《* 程序》，曾发表在网易".COM 文学"上。从网页截图可见（见图 4-5 ），印刷品中按照页码顺序排列的章节名目在同一页面摊开，读者既可以根据章节顺序按时序进行阅读，也可以通过选择不同角色，分别阅读每个人的故事。在网页上，作者突破结构的

---

① 参见须文蔚：《台湾数位文学论》，二鱼文化事业有限公司 2003 年版。

意图借超链接达成；而出版的纸质版本必须以线性先后叙述的方式呈现。

图4-5　《天堂尽头——电子游戏＊程序》图书封面和《＊程序》网络页面

由此可见，在早期的网络文学中，电子语言形成文学中独特的景观，文本中不仅有文字、字符，还有插图、动态效果，而且借助超链接等，不断突破人们从印刷品中建立的平面的文学观念。

数位诗和多向小说等新媒体文学形式有共同的弱点，即对媒介制作能力要求极高。在李顺兴"歧路花园"问答栏目中，排列第一位的即类似作品的"制作"问题。李顺兴写道："有志于超文本创作的入门者，建议您直接学习最新版的网页套装软体（软件），如 Frontpage（Microsoft）或 Dreamweaver（Macromedia）。动态功能的添加部分，则直接学习最新版的 Flash（Macromedia）或 Director（Macromedia）。其中 Flash 的使用，几乎已成为主流趋势。Macromedia 系列产品都可免费试用一个月，坊间中文参考书都附赠相关软件，您不妨由此开始。"①

　　这一段文字提出了早期数码文学语言两个关键的问题：一是网页制作软件的学习，即对制作者的文化水平和学习能力的要求；二是软件及辅导书的购买，即对参与者经济能力的要求。这两方面正是限制数码文学发展的最大障碍。我们如今认识的互联网之所以拥有巨大影响力，正是因为其低门槛、大众化，若需要专门编程制作则会限制人们的参与度。即便是写作《＊程序》的孙健敏，其作品最初也只是文人的构想，网页设计部分由网站完成。可以说，互联网确实完美体现了《＊程序》的结构创新，但如果没有技术支持，这种创新还是只能停留在概念中。因此，数位诗和立体小说中的语言，本质上是一种利用新媒体技术制作的产物。这种制作和探索在艺术表现中更为常见，就像颜料、素材和工具技术的每一次进步都引发艺术变革一般，媒介和材料在艺术史上发挥的作用显然比在文学史上发挥的作用更重要。这或许可以解释为什么早期那些亲手写代码、制作 HTML 网页特效的网络文学先驱，如姚大钧、孙健敏等，同时也在美术、音乐、影视等领域创作。

　　虽然未能产出商业意义上成功的网络文学，但以上对电

---

① 台湾中兴大学教授李顺兴的"歧路花园"网站收录了大量早期台湾数位诗案例。引文来自网站问答栏目，引用时间为 2018 年 6 月 2 日。由于技术原因，目前该网站已下线。

子语言表达方式的探索在后来的网络媒体中十分常见。数位诗和立体小说是文学与新媒介结合的滥觞，因此回顾数位诗和立体小说的表现形式，探索其出现的必然性和发展的可能性，对于今天的新媒体文学研究依然有着现实意义。

在我国早期网络文学代表作《第一次的亲密接触》中，电子语言开启了大众化运用的历程。

多媒体、超链接语言在如今的网络文学中已不见踪影，但在它们之外，网络文学滥觞时期还有另一种对技术要求不高却得到大众更广泛应用的语言形态，即图符和键盘语言。比起那些网络属性更鲜明的动态和超链接手段，《第一次的亲密接触》没有视觉特效，采用传统单线叙事和静态文字。它之所以脱颖而出，成为早期网络文学的标志性作品，原因即在于运用了表情符、键盘语，并创造出大量网络流行句式。在此之前，符号语言虽已用于网络聊天，但并没有进入文学，只是在线口语文字的情绪辅助。《第一次的亲密接触》将图符、段子，以及网恋题材融合到公众认可的小说文本中，尤其符号表情成为塑造人物、推动情节不可或缺的部分。电脑聊天口语和原本经印刷品普及的书面语交织混杂，成为网络文学独有的表现技巧。

故事女主角轻舞飞扬在虚拟空间聊天时，经常使用符号和图像语言：欲言又止时用"…"，疑惑不解时用"？？？"，还有甜美笑容"：）"和顽皮吐舌头"：p"。活泼的表情符不用文字描绘即可传达不同的情绪与意趣，相当于为抽象字句配上具体的插图，让角色的面貌随之生动起来。在网上交流时，双方看不到彼此容貌，必须将注意力集中在文字和符号上。文字抽象表意，虽能激发丰富联想，却需要思索和寻味；与之相比，直观的快捷图像更适合网络聊天即时应对的场景。而简化的符号图像在激发想象方面毫不逊色，"：)"可以是莞尔，可以是嫣然一笑，人们在由笑脸引发的具体而个性化的空间里，幻想轻舞飞扬俏皮可爱的容颜。因此，屏面语必须具备引发联想的能力，要让人即便对着枯燥平板的电脑，也能看到人物的一颦一笑。

这里必须再次审视对网络语言的认识。当时，网上充满着多种新语言，在超链接多媒体之外，符语拼贴、拼音外语字母混用、拼字造词和望形生义的刻意误用等在网络交流中十分常见。比起科技含量高却并非人人能够掌握的编码和多媒体，浅显的文字和表情符的网络生命力更强。无疑，只有获得关注、认同，让使用者主动运用和传播的语言，才能算真正有生命的鲜活语言。《第一次的亲密接触》虽然没有视觉特效，却充满着来自网络的鲜活网语。如果说数位诗等借助动态视效和超链接使人震惊，启发人们思考文学表现的新方向，那么用表情符则完全诉诸情感，用直观的笑脸"：)"和青春伤痕唤起人们的共情。作为集流行网语之大成的作品，《第一次的亲密接触》被人们津津乐道。人们不仅讲述它的故事，还学习它的语气和贴图。在小说外，它为网民提供了接触新事物的途径。

《第一次的亲密接触》的图符语言里还随处可见媒介技术的痕迹。当女主角轻舞飞扬将微笑符号":)"切换成"：）"，男主角痞子蔡就会意地解读"这次的笑脸符号是用全形字打的，看来笑得比较大声"。从文意看，这里通过符号形的对比和意的解读，传达恋爱中人微妙的情绪。但实际上，这种以全角、半角符号转换代替"笔迹"或人物微妙表情变化的描写，是在屏幕即时沟通环境下才会出现的网络文学的独特表达。类似情况还有很多，如轻舞飞扬句子里夹杂半省略号"…"导致句子间断，读来既是停顿、犹豫，又是娇嗔的拖延，十分微妙地模仿了青年女性口头表达欲言又止的情态，同时，这种句子的间断和频繁换行让文段排列呈现诗歌观感。日本研究者在《…小说における"段落"…蔡智恒…ネット文学の文体…》一文中，认为正是这种前后分割的句段，使蔡智恒的小说获得文体形式的独特性。然而，作者本人对此的回应是，文中充斥"…"是由于当时常用的倚天中文系统输入法中，汉语标点必须按切换键才能输入，而键盘自带的 Del 键上的小数点可以直接点击输入。又如因计算机阅读不够舒适，痞子蔡用'　'，轻舞飞扬则用"　"，如此可以凸显视觉差异。① 几乎一句一行的排列，则是因为早期 BBS（Bulletin Board System，电子公告板）不自动排版，通篇文章可能显示为一行，所以大部分网人养成每句结束后按回车键的习惯。可见，《第一次的亲密接触》令人感到差异的形式本身就是一部媒介发展史。弗里德里希·基特勒的《留声机 电影 打字机》②阐明了不同技术媒体在人类信息感知和思维模式转变中发挥的作用。而《第一次的亲密接触》不规则的文本和广泛的知名度，则相当于一部文学性的网络文化诞生史，在不经意间记录了媒介终端技术发展对网络兴起时期人际交流方式的改变。

小说以图符塑造女主角轻舞飞扬的形象，而对男主角痞子蔡，则以特殊句式突出其幽默感。痞子蔡在开篇"Plan"中写道："如果把整个太平洋的水倒出，也浇不熄我对你爱情的火焰。整个太平洋的水全部倒得出吗？不行。所以我不爱你。"③ 诙谐反讽的句式令人莞尔，也符合人们在设计虚拟形象时，既风趣又耍酷的追求。小说末尾，轻舞飞扬的绝笔重复了同样的句式，她写道："如果把整个浴缸的水倒出，也浇不熄我对你爱情的火焰。整个浴缸的水全部倒得出吗？可

---

① 蔡智恒:《第一次的亲密接触》，万卷出版公司 2008 年版，序第 1—16 页。
② 弗里德里希·基特勒:《留声机 电影 打字机》，邢春丽译，复旦大学出版社 2017 年版。
③ 蔡智恒:《第一次的亲密接触》，万卷出版公司 2008 年版，第 1 页。

以。所以，是的，我爱你。"① 从反讽加黑色幽默到爱的告白，两相对照催人泪下，这一句式成为网友念念不忘、反复记诵套用的模式，并与《大话西游》中"爱一个人需要理由吗？"一同成为互联网兴起之后高校校园文化的代表。当时上网的人群并非主流，但多数人"第一次真正'网聊'，确实是受《第一次的亲密接触》影响"②。轻舞飞扬式的符号和图像语言成为手机短信和网络聊天室内置的快捷缩略语，甚至成为表情包原型。在超长篇类型网络文学兴起之前，人们心目中网络文学"落魄学子把网迷，巧遇 MM 聊天室"的套路也由此成型。"恐龙""霉女""886"等在当时的互联网上具备区分"菜鸟""大虾"，鉴定媒介经验的功能，它们以内部行话和群规盟约"代表了一种特殊属性，有识别网民身份的功能"③。

使用网络语言但可脱离网络，讲述爱情却不超越通俗言情的范畴，这种不完全的网络性和文学性，使《第一次的亲密接触》处于网络、通俗小说及青春阅读的交界，呈现左右逢源的媒介间性，成功吸引广泛的目光。在它流行开之后，"：）"不仅成为中文网络文化中接受最广的标志，也被印刷和影像媒介用于指代网络生活。

---

① 蔡智恒：《第一次的亲密接触》，万卷出版公司 2008 年版，第 188—189 页。
② 骆轶航：《第一次的亲密接触：我的互联网 20 年》，https://baijiahao.baidu.com/s?id=1601690411491818693，2018 年 5 月 28 日。
③ 许苗苗：《网络文学的特色》，《广播电视大学学报》(哲学社会科学版) 2002 年第2 期。

　　符号组合既是网语又是插图，能够提升情绪冲击力，在有些网络作品中的地位甚至比文字还重要。如下面这一段图文及图 4-6。

　　　　陈想扔掉手枪，右手一伸，杀猪刀已经出现在掌心之中，遥遥指向逼上来的两个女孩。(一 ˇ 一)
=ε ➡ \$ ■■■◣

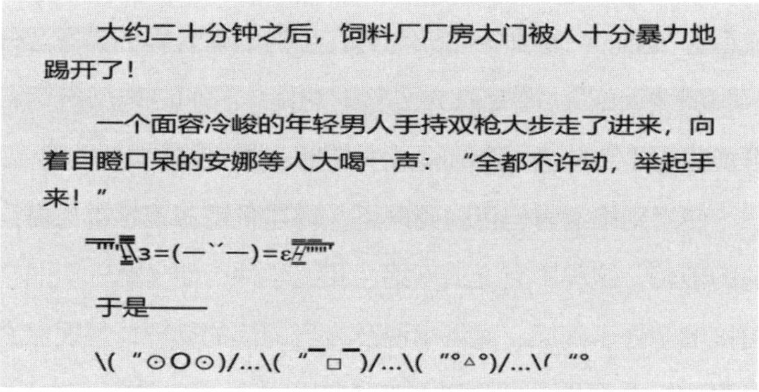

大约二十分钟之后，饲料厂厂房大门被人十分暴力地踢开了！

　　一个面容冷峻的年轻男人手持双枪大步走了进来，向着目瞪口呆的安娜等人大喝一声："全都不许动，举起手来！"

　　 ⸗Ⓡ3=(一 ˇ 一)=ε⸗

　　于是——

　　 \(˝⊙◯⊙)/...\(˝ ̄口 ̄)/...\(˝°△°)/...\(˝°

图 4-6　符号组合图例

　　原文《厉害了，我的左手哥》虽已"烂尾"，却因符号的创意使用被广泛认识和记忆，甚至在百度贴吧、知乎中也享有名气。便于学习和传播的符号语言能引发人们解读的欲望和创造的热情，利用便利的复制粘贴技术，人们积极参与更新和传播，更促进其拓展为 emoji（绘文字）、表情包等一系列图文并茂的交流手段。

网络语言表现形式众多，以动态编码为特色的数码语言、以整个网络为文本数据库的超链接书写、以语言模仿进行对话的"语 C"（语言 Cosplay）等，都孕育着自身独特的作品。图符和键盘语言是屏幕专属又直观易用的表达，它们预示了网络语言风格的发展方向，即在表意的同时强调视觉效果，以直观和便利给人留下深刻印象，带动作品普及。《第一次的亲密接触》及一系列运用图符和键盘语言的作品，开启了有关文学和媒介的讨论。它们不仅向其他媒介受众展示了网络语言的样貌，还昭示着图文字、emoji 等媒介符号的跨文化流行——媒介可能成为民族、地域、生活传统和教育之外生成语言的新渠道。

在次生口语文化中，热词、金句、网络文学等成为电子语言串联而成的动态概念。将视觉感受和文学探索结合起来的数位诗、插入 Flash 和动态图像等的实验作品，以及新媒介通过技术进步和对文学观念的拓展培育的更庞大的网络文学概念，赋予当代文化更多的样式。当然，由于媒体技术变迁、创作群体更迭等，许多带有阶段性特色的电子语言如一些符号拼图、Flash 作品等已经消失，但它们的媒介意义仍不可忽视。

研讨专题

1. 电子语言中存在哪几种跨界现象？为什么这些跨界现象会在电子媒介中出现？

2. 电子语言诞生于电子媒介，但有人认为广播、电视中的语言不属于电子语言，你是否同意这一观点，为什么？

3. 网络文学中的语言经历了哪几种转变？转变的动因是什么？

4. 纯文字网络文学的语言和以往的文学语言有何区别？为什么会出现这些差异？

5. 何谓次生口语文化？它在网络文化中发挥什么样的作用？

拓展研读

1. 沃尔特·翁：《口语文化与书面文化：语词的技术化》，何道宽译，北京大学出版社 2008 年版。

2. 弗里德里希·基特勒：《留声机 电影 打字机》，邢春丽译，复旦大学出版社 2017 年版。

3. 哈罗德·伊尼斯：《传播的偏向》，何道宽译，中国人民大学出版社 2003 年版。

4. 须文蔚：《台湾数位文学论》，二鱼文化事业有限公司 2003 年版。

5. 许苗苗：《网络文学：互动性、想象力与新媒介中国经验》，《中国社会科学》2023 年第 2 期。

第五章
/Chapter 5/

公众号文化

　　微信是如今人们最重要的社交媒体之一，其已超越"手机即时通信工具"的设计初衷，成为一个基于智能终端，集社交、娱乐、阅读于一身的综合型应用程序。其阅读部分的内容即源自微信公众平台（简称"公众号"）。在公众号中，除了有类似印刷出版物那样的团队媒体，更有具备创新性和个性化的个人公众号。个人公众号的内容设计和文章撰写由号主提供，与曾在网络媒体中风靡的博客类似，但由于手机的便携性和社交性质，公众号的渗透力和影响力已经远远超越前者。受欢迎的公众号往往风格鲜明，流露出号主的个性，表现情感好恶。行文中作者往往跳出叙述结构，直接向屏幕外的读者说话。而手机作为不可分享的私人物品，加强了这种直接说话的私密性和亲密度，使得阅读过程类似与朋友交谈。订阅公众号的读者与作者之间，除文字关系外，还有更强烈的情感联系。个人形象与公众情感，通过个人公众号这一新媒体形式绑定。

　　公众号文章不仅通过订阅传播，还由订阅者通过朋友圈转发，作为自身网络意见、网络形象的一部分，向微信联系人表达。因此，个人公众号既塑造号主的个人形象，也塑造读者、转发者的个人形象。这种从个人形象中传递出来的信息形成一种类似口口相传的人际传播模式。亲友之间的人际传播作为最具备说服力的传播模式之一，往往是最能够促进购买行为的。而以往的大众媒介不具备这种阅读分享的能力，因此人际传播也被视为不可控的。在公众号中，大数据统计、订阅号推送、朋友圈转发、微信群推荐等，使得人际传播获得了更精准的数据，公众号成为十分理想的广告平台。

个人公众号通过树立个人形象、建立情感关系、提供情绪出口、模拟人际传播等策略，将公众号中面向大众的文章转变为私人情绪和情感的媒体代言，或是具备个性化说服策略的新型广告平台，解决了以往认为人际传播不可控的难题。本章从流行的新媒体应用软件入手，分析新型传播媒介的特点，探讨这些特点发挥作用的方式及影响，对于媒介研究、文化研究具有学术意义和应用价值。

需要注意的是，虽然网络媒体的传播力、影响力等具备优势，但网络自媒体因个人视角、个人选择、个人发布而容易在信息的信度、来源的广度、态度的公平和发布的稳定性等方面有所欠缺。个别自媒体通过煽动极端情绪、引发受众群体间对立等手段提升关注度、获取流量的做法极不可取，是对网络文化环境的污染。在本章所选的四个个人公众号中，

"六神磊磊""冯唐"公众号目前仍在运营,"咪蒙"公众号已被禁止发布,"严肃八卦"公众号被禁止发布后将主要内容转移到了新号"萝严肃"(目前该新号也已被禁止发布)中。虽然这两个账号主体已经被禁止,但是作为曾经风靡网络、影响广大受众的现象级个人公众号,它们仍具备作为新媒介文化研究对象的价值。分析其表述方式、总结其传播策略、审视其问题、规避其弊端,是媒介研究的责任。

第一节 ●
　　　　　　　　　　　　　　　　　　　　　●
私享"毒鸡汤"：屏幕背后的谩骂 ●

　　新媒体内容以个性化和标新立异著称，常见挑战传统观念、扭转流行文体的案例。以励志文章来说，以往以安抚和激励为主，被人们调侃为"鸡汤"，虽然没有即时效用，但胜在温和暖心。而有另一类励志文章却被人们称作"毒鸡汤"，因为它极尽刻薄奚落，骂别人不善，怒自己不争，攻击范围囊括每个普通人生活中不尽如人意的方方面面。这种文体虽然粗鄙，却很流行，甚至在互联网新媒体上获得了惊人的点击率和传播率。表达不满是人类基本的情绪反应，所谓"为不善乎显明之中者，人得而诛之"。而"毒鸡汤"使个人的口诛笔伐变成集体情绪的喷泻出口，以扑面而来的粗鄙短句造就宣泄的快感，从而赢得众多拥趸。"毒鸡汤"的盛行并非偶然，它不仅满足了部分人的社会心理需求，也获得了数据调查和媒介开发的支持。成名于公众号的知名网人咪蒙即自媒体上流行的"毒鸡汤"代表作者。

　　2019 年注销的公众号"咪蒙"（微信号：mimeng7）开设于 2015 年底，仅一年多，就取得了多篇文章阅读量破百万、广告报价数十万元的成绩，是当时微指数影响力榜单上排名前十的大号。虽然人气很旺，却也迎来骂声不断，有人说它格调低下、功利媚俗，有人说它立场摇摆、唯利是图。2019 年 2 月 21 日，该公众号被注销，但我们不妨通过一些同步记录和评论，对其内容特色和传播策略加以分析。"咪蒙"是公众号名称，也是个人网络 ID 和品牌形象，媒体、主笔、广告平台三位一体，使这一公众号带有深深的个人印记。

在题材选择上，"咪蒙"公众号具有热点迎合与自我否定两方面特质。

公众号主笔咪蒙的身份，是草根创业者、都市白领、妻子和母亲，其文章题材主要围绕职场、两性和亲子关系。其中文章多以过来人、亲历者的叙述角度给读者现身说法的感觉。但实际上，呈现在公众面前看似个性化、私人化的自媒体"咪蒙"，是精心策划和大数据选择的结果。

一项量化统计表明，在公众号的话题中，获得点赞、阅读、转发最多的是情感励志、搞笑娱乐、文化教育这三类[①]，咪蒙的选题则全部处于这三大领域之中。在其分类目录中，共有励志、职场、情感、爱情故事、亲子、社会话题、生活

---

① 此项统计由同济大学艺术与传媒学院教授徐翔、硕士生李莎开展，相关结果在 2017 年 6 月 11 日举办的"微信公众号与时代精神状况"研讨会上发布。

方式、征集、娱乐等十一个类别，其中励志、职场、情感、爱情故事、亲子均可纳入传播效果前列的情感励志类。征集、娱乐等可纳入搞笑娱乐类，而亲子、职场、生活方式等又与文化教育类相关。这种高度吻合并非偶然，而是基于阅览、点赞数据和"粉丝"增量等市场反馈进行选择的结果。

为提升公众号热度，"咪蒙"不惮于否定自己，选题方向经历过大幅度转换。其创建时的主要话题围绕两性关系和娱乐评论，首月推送的十六篇文章中，共有娱乐评论七篇，情感两性话题七篇，职场励志类仅两篇。而进入2016年之后，娱乐评论减少，励志文章明显增多。在2017年6月发布的总目录中，直接标注"励志"的文章已居首位，且有许多文章与"职场"相关；情感类则被细分为情感、爱情故事、亲子、社会话题等。这两类文章数量超过总数的八成，相关的励志和情感元素还散见于时事评论栏目中。对于这种转变，号主咪蒙称"我以前也非常鄙视鸡汤，但是（很多时候）的确需要干一碗鸡汤，给自己打点鸡血……"[1]可见，"咪蒙"的选题并不是单纯来自生活，而是实时调整，不惧推翻重来，积极迎合热点。

热门媒体需要大量案例，仅靠个人经历显然不够，咪蒙

[1]　本书所选咪蒙的文章均出自"咪蒙"公众号。

曾在《如何成为下一个咪蒙》《你以为毕业了就不用学习了吗？屁咧》中分享写作经验：从积累素材、分类整理，到把握时机、巧借外力，每一步都经过精心策划。普通人看手机打发无聊的时间，而咪蒙把每一个有用的句子复制粘贴、反复背诵乃至烂熟于心。2016 年 8 月，豆瓣网友 bamboo 称咪蒙的文章《口红很贵吗？你为什么不能自己买?》涉嫌抄袭她的帖子《口红我自己买，你给我爱情就好》。热心网友对比后发现，两篇文章思路和句式高度相似，咪蒙虽算不上抄袭，却高度借鉴，有"洗稿"之嫌。咪蒙通过刻苦学习和对热点的敏感消化了网民的故事，当有用稿需求时，这些故事就被拿出来"反刍"，变成自己的素材。

与最优传播效果类型的数据吻合只是流行的基础，要想获得网民的点赞和转发，成为热点，还需特色内容支撑。而用脏话为受众提供情绪出口，即"咪蒙"公众号的特色。

网络将在媒体上发声的权利传递给大众。由于网民教育背景的异质化，网络语言呈现混淆书面语和口语的特色。借助新语体的网络文学依然可以"兴观群怨"，其中的"怨"即以批评、讽刺的方式针砭时弊。一时间人人皆可用大众化的口语在网上行怨刺、鸣不平，在虚拟公共场合发泄不满，有的人平静说理，有的人破口大骂。

"键盘侠"和"喷子"是网络脏话最极端的使用者。网络脏话虽然数量巨大，但由于毫无内容，不会造成太大影响。与之相比，"毒鸡汤"的语言暴力更强大。人不会跟踪、转发"喷子"的言论，却很可能订阅并主动传播"毒鸡汤"。因为它虽然夹杂粗口，但多半是怒其不争的抱怨，甚至有几分亲切感。作为文学硕士和媒体主笔，咪蒙无疑具备批评说理的能力，也知道脏字会引起反感。但即便冒着被删帖、触众怒的危险，她也依然采取"骂街文体"。越骂骂咧咧，越人气高涨，她为公众提供了一个宣泄负面情绪的出口。

不仅骂别人，咪蒙也骂自己。咪蒙常在文中自称"老子""老娘"，也不时用"丑穷矬"自我形容。类似《老娘化不化妆，关你屁事》的文章用来批评他人不守社交礼仪的越界行为，而"傻逼""懵逼"等"自黑"的语词常用于反省，以失败的经历进行自我批评。通过自诩和自嘲，咪蒙从正反两面反复说明一个道理：所谓成功就是"一掷千金""光明正大地让前任后悔"，因此普通的"月光族"没资格考虑什么远大理想和悲悯情怀，而应当努力学习职场社交"干货"，通过顺从、遵守、掌握甚至操纵社会潜规则的方式获得现实利益。从取消抗争性方面说，她在"煲鸡汤"；从反崇高方面说，则充满"毒素"。在《我爱这个功利的世界》《不能上升到金钱的爱都不是真爱》之类的文章里，咪蒙宣扬着赤裸裸的"拜金"观念和对赢者通吃的赞同：世界是功利的，所以你穷你自找、你丑你活该，只有不断自我激励，不再懒惰懦弱，才有机会做成功者——转而将别人踩在脚下。煽动性修辞、不实言论、对社会现象的极端片面解读，极度扭曲的价值观贯彻"咪蒙"公众号文章。

通过羞辱和自嘲，"毒鸡汤"为自私自利、不与人为善找到了理由。类似"我不想帮你，我拒绝你，都是你的错"之类谩骂第二人称"你"的文章在"咪蒙"公众号里比比皆是。但如果转换位置，将自己代入咪蒙，跟着她的节奏阅读，却能产生强烈的情感认同，将心头的积怨发泄出来。的确，她那些辱骂对象都有可恨之处，面对"渣男""贱人"，苦苦维持体面的白领们只能束手无策，自认倒霉。咪蒙不忍，她站出来大骂这些人，"谁不是一边当老板，一边当孙子""谁不是一边热爱生活，一边又不想活了"，既然每个人都活得不容易，"我凭什么要帮你？"。当蛮不讲理的"直男癌"、道德绑架的"熊孩子"爸妈、索取无度的所谓朋友公开透支善良时，咪蒙的谩骂就已不再是个体情绪，而是上升成一类人宣泄的共同出口。

我们必须意识到，默默订阅、点赞这些文章的，并不是张牙舞爪的暴民，而多半是谨慎体面的白领。他们平时理性克制，即便匿名也不会肆无忌惮地"狂喷"。然而，咪蒙的脏话很对他们的路数，因为骂的都是职场和生活中常见的小事，所以能把他们从对社交礼仪的顾忌中解放出来。心理学家将通过谈话把个体症状与内部隐秘冲突联系起来疏解压力的方法称为"扫烟囱"疗法，读咪蒙的文章，跟着她恶狠狠地骂人，就是清扫垃圾情绪的过程。

"毒鸡汤"提供了一个瞬间崩溃的虚拟场域，一个集体泄愤的媒介出口，而这种崩溃和泄愤，必须是隐蔽的、私密的。网络媒体那么多，"毒鸡汤"却只能走红于公众号，这是由于手机自身的媒介特性。

公众号源自手机，手机不仅是智能互联网终端，更是隐藏秘密的地点。有了手机，人们躲在屏幕背后窥视众生百态。它是私人物品，亲密无间的夫妻之间都不分享，因此手机比一般机械设备更具亲近感和私密性。正是这种不为人知的密切联系，使人们心安理得地在手机上浏览"咪蒙"。人们对着手机咬牙痛哭、恶毒咒骂，咀嚼负面情绪，但放下手机后，仍以温柔礼让好沟通的模样示人——只有手机知道所有的秘密。

公众号阅读以手机屏幕为入口，订阅用户来自微信界面，可以想象，惯于在手机上进行阅读的人群与电脑的使用者、报刊的读者有不同的偏好和阅读时间。咪蒙是"在出租车上、病床上、酒店大堂、机场候机厅写过文章的公号狗"，她十分清楚文章风格对媒体平台的依赖，并通过文章样式、广告设计和"粉丝"互动等，充分开发手机媒体的可能性。

手机本身屏幕窄小并呈长方形，一般文章常用默认换行的方法谋求最大宽度和较短的长度，以保证每屏有尽量多的信息量。而"咪蒙"公众号中的每一篇文章两侧都有较宽的边距，配上不小的字号，显得十分逼仄。这样带着压迫感的界面，特别适合她时而咬牙上进、时而愤愤不平的文字，加强表现其不服输的斗志和奋发上进的决心。广告是公众号商业价值的来源。在对广告位的开发上，咪蒙也积极探索，可谓做到了极致：普通公众号把广告附在文后，很容易被忽略，而咪蒙大胆地在标题前加广告，以冠名"每日金句"的形式对有限的首页视觉资源进行最大化利用。同时，在栏目设置上，她通过"征集"栏目调动"粉丝"积极性，并不时以回复文后留言的方式与"粉丝"互动，既加强了情感联系，维持了"粉丝"的忠诚度，又利用网络公共资源充实了公众号的内容。

咪蒙的成功并不偶然，她迎合传播热点、利用媒体优势，将"毒鸡汤"文体打造成公众心理的安抚剂。相对于稳定的印刷文明中有限的媒体类型，互联网最大的贡献在于制造出一大批新鲜却又速朽的媒体。门户网站、博客、微博、公众号，每一个都曾创造过辉煌，却又难免沦为被新技术淘汰的老界面。在数据就是理由、点击就是态度的时代，"十万加"隐含着关注，却不代表认同。聪明、努力、风靡一时的大号"咪蒙"缺乏超越媒体形式的东西——稳定的价值观。因此，虽然是较为成功的公众号之一，但它的生命力注定难以持久。

互联网大浪淘沙，各式各样的奇人、丑人都有机会被翻卷到潮头浪尖，无数新媒体明星速生速朽，却并非毫无意义。一度"霸屏"的"咪蒙"在提供"爆文"教材、创业案例和多样话题的同时，以独特的行文和精心的平台运作反映出公众的心理需求，并为我们这个庞杂的时代提供了一道独特的媒介景观。

第二节 •
私密大明星：用自恋引发迷恋 •

　　所谓个人公众号是对注册身份的划分，并不限制内容。有些公众号包罗万象，个人只是隐退幕后的编辑；有些公众号则类似写真集，以自拍和私语凸显个人，堪称自恋式公众号。普通人的自恋式公众号只在亲友间传播，而一些名人的自恋式公众号成为甄选受众、考验"粉丝"忠诚度的场所，貌似向公众开放，却以冷门的偏好、小众的情绪屏蔽了无差异公众。这种公众号类似明星网站，所有话题集中在号主的容貌、言谈、行动上。不同的是，明星网站由专人设计宣传，从网站到明星本人都是"包装"所得，而个人公众号由号主深度参与，呈现更加私人化的"真实"效果。作家冯唐的公众号"冯唐"（微信号：fengtang1971）就是这样一个个人舞台——在这里，冯唐是唯一的主角，几近完美的大明星。

　　在"冯唐"公众号的日常推送里看不到精心编排，除广告外，主要是"语音读诗"、照片和生活片段。以2017年5月11—17日的推送为例：5月11日推送带购买链接的"故宫家具全集"广告，5月12日推送小院消夏照片一张，5月

13 日推送四十三秒语音读"李白《春夜宴桃李园序》",5 月
14 日母亲节当天推送文字信息一条"老妈,母亲节快乐!谢
您不管之恩",5 月 15 日推送讲座活动照片一张,5 月 16 日
推送其与云南白药牙膏联名的洗漱套装广告"软文"一篇,
5 月 17 日推送带购买链接的洗漱套装"硬广"。"语音读诗"
是"冯唐"公众号的特色内容。声音来自冯唐,却并不具备
美感和艺术性。我们听到的是缺乏控制的"原生态"声音,
丝毫不加修饰的含混、忘词、倦怠感。这个声音可以被解读
为缺乏睡眠的中年大叔的,也可以被解读为浮生大梦中秉烛
夜游的"文化冯唐"的。冯唐以作家身份为公众认识,小说
和诗歌是作品,而声音、手迹和味道是"私人属性"。读者
与作者是一种可以公开的官方关系,而在公众号里,订阅者
对冯唐的感情是更加亲密甚至有几分暧昧的迷恋。除日常推
送外,"冯唐"公众号还有一个固定栏目"不二堂",用户点
击后就会接收到一条名为"冯唐的文字和他的日子"的信息,
里面有名为"春风十里不如你"的茶,有冯唐题字"一晌贪
欢"之酒,有冯唐手抄的冯译泰戈尔《飞鸟集》等。无论茶、
酒、书法,都"限量供应"、价格不菲,而它们的共同之处
就是"由冯唐使用经年后与大家分享……"订阅者出于好感
或好奇追随"冯唐"公众号,并相信通过这个平台将与真实
的冯唐更接近。

　　作为自媒体的公众号是完全"个人化—冯唐化"的,开

放个人公众号，就等于提供了一个窥视、旁观其私生活的途径。且这是经冯唐首肯的。"窥私"不再阴暗，没有"狗仔"偷拍的对立感，而笼罩在含情脉脉的氛围中。订阅者参与冯唐的日常活动，敏感者甚至能够从措辞和语气间感知他的小情绪，获得一种建立起"私人关系"的幻觉，以为自己成为可以体察其内心的"朋友"。既然是"朋友"，当然要拥有一致的感受，商品销售呈现为类似密友的分享甚至偶像的"恩赐"。"冯唐"公众号的广告采用极其个性化的宣传策略，即以明星般的自恋打造冯唐形象，以对个人的迷恋为说服策略。广告强调的是冯唐品过、冯唐醉过、冯唐摸过、冯唐译过……作为个人公众号的订阅者，在读完文字、听完声音、看过照片之后，依然没有反感其自恋的那部分人，忠诚度和行动力自然极高。

为什么连自恋都有如此强大的魅力并能引导顺从的行动呢？从冯唐的媒体形象中似乎能够看出一些端倪。在百度百科里，他是北京协和医科大学（今北京协和医学院）博士、麦肯锡董事合伙人、作家和CEO——一个公共标尺下的成功人士。在文学作品中，他从春心荡漾又痴情单纯的少年秋水，到被色魔缠绕又一片空明的玄机，再到清新得毫无欲念的"春风十里不如你"，扮演着令人如痴如醉的痴情男子形象。在《时尚COSMOPOLITAN》《智族GQ》等杂志的专栏里，冯唐抄佛经、养古玉、品清茶，偶尔也会真情流露"一晌贪欢"，在茶、酒、明清家具等需要有闲、有钱、有灵性才能掌握的文化资本间游刃有余。在微博中，冯唐号召女"粉丝"持书自拍并亲自转发。可以想见，乐于将自拍公之于众的多半在"颜值"上不输于他人，因此"喜欢冯唐"意味着将自身纳入高"颜值"女文青队伍。而在相对封闭和私人化的公众号中，冯唐屏蔽了除母亲外的一切女性，他在其中全方位推销自己：冯唐的字、冯唐的声音、冯唐的味道……而那些看不见的订阅者，则沉浸在私密的、放松的气氛中，以点击、转发、打赏和购买支撑着自己与"冯唐"的联系。

"冯唐"媒体形象绝不是兴之所至、偶尔为之，它是经过整体策划的媒体联合营销结果，公众号是其中的一部分。从最大众化的百度百科简历，到风格独特的微博"粉丝"自拍，再到公众号的"私密""排他"幻觉，"冯唐"公众号及其形象策划到位，精准定位目标用户。冯唐深谙"粉丝"心理，通过网络媒体联动，将"冯唐"打造为一个有魔力的封印。

第三节 ●
隐退小人物：谦卑者的说服力 ●

在公众号中赢得信赖的不仅有大明星，一些小人物也能因谦卑态度收获信任。"六神磊磊读金庸"（微信号：dujinyong6）就是这样一个公众号。单从网名上看，这是个以"六神"花露水加常见小名"磊磊"拼凑起来的名字，透着挥之不去的"草根"气息，其媒体形象也延续着卑微坦率的模样。即便登上了《鲁豫有约》，面对镜头，号主也依然拿自己"长得不好看"打趣，日常语气也都是"我这么陋的学问，这么差的文笔"[①]的低姿态。在公众号中，不同受众群体有不同的情感偏好模式，但比起自恋式公众号里那些膜拜在偶像脚下的深度迷恋者，显然更多人乐于阅读六神磊磊式的谦卑文字，从号主的自我贬损中获得优越感。

六神磊磊的本职是新华社记者，在封闭学习期间开通了"六神磊磊读金庸"公众号，最初每周分配在公众号上的时

---

① 六神磊磊：《我们到底还能写多久》，http://mp.weixin.qq.com/s/TEKKHiWUrEje__iOGofuhw，2016 年 1 月 11 日。

间只有十小时，没有任何团队。新华社记者身份自带话语权威，而自媒体强调私人意见和角度。然而，比起六神磊磊的新华社报道，这个公众号显然更受欢迎，它的魅力恰恰源于六神磊磊形象中区别于权威的那种谦卑态度。在有影响力的公众号里，没有哪个号主是寻常人物。冯唐是掌握了话语权的作家，成功和顺遂强化了他的个人意识，坚持做潮流引领者，引导一众"粉丝"闲钱的去处。而六神磊磊是一个略带羞涩的普通男孩，在辞去新华社记者工作后，他的吸引力全靠公众号形象——平凡的小人物、寻常的网络"草根"，即便被推上阅读量"10万＋"的巅峰，也时时谨慎、惶惑，因其"不敢当"而流露出几分乐天知命的洒脱。在公众号里，六神磊磊试图将自我隐藏在大众话题背后，他原本想"读《新闻联播》"，又担心每天连载压力太大，最终选择了"读金庸"，后来还增加了一个"读唐诗"的公众号。无论读《新闻联播》、武侠小说还是唐诗宋词，六神磊磊的公众号都不曾试图树立鲜明的自我形象，而是依托知名作品，向其固有的读者和观众群借力。六神磊磊从不讳言自己从外部获得的滋养，"一点金庸先生的边角料，就还能把自己养活，我只想感谢他"①。

---

① 凤凰卫视：《"六神磊磊读金庸"王晓磊：谢谢金庸养活我》，http://phtv.ifeng.com/a/20160115/41540003_1.shtml，2016 年 1 月 15 日。

最初无功利读金庸，既未做长久打算，也没有广告企图，"六神磊磊读金庸"却无意间成为"粉丝"50万，爆款文章阅读量高达100万＋，一条公众号的收入10余万元的大号。[1]与一般公众号将商品广告打造成"软文"不同，六神磊磊的广告都是不加掩饰的"硬广"。文章《一百年，你的风陵渡，我的铁罗汉》从《神雕侠侣》结尾处的一个伏笔，即郭襄随手将一对铁罗汉玩意儿送给路边不起眼的少年开始，写那少年一生苦练，最终成为武当祖师的故事。金庸在另一部小说《倚天屠龙记》中，确实交代过当年路边的瘦弱少年就是开创武当派的张三丰，因他曾受惠于峨眉祖师郭襄，便命门下始终对峨眉派礼让三分，但金庸丝毫没有提及情感纠葛。六神磊磊将张三丰苦心钻研武学的动力归结为对郭襄女侠的倾慕，把"一生苦恋"升华为"一生苦练"。读这篇故事，共鸣源于两个方面：一是"情深缘浅"古今皆同，二是六神磊磊的演绎虽然出乎意料却又合情合理。故事构思令人叫绝，但它与广告商品"宝马百年庆典概念车"的联系又在哪里呢？金庸笔下的张三丰年逾百岁，宝马也正迎来百年庆典；张三丰诚心苦练，宝马也强调匠心磨炼。这样看确实并非毫无关联，但二者形象差距实在太大，难以建立联想，阅读引发的

---

① 杨沁锟：《一个人，一个微信公众号，年赚百万，金庸迷六神磊磊为何爆红》，原载于《商界》，网络版见 https://www.huxiu.com/article/140683.html，2016年3月3日。

好感和同情也无法直接投射到商品上。其他广告也存在类似问题。在《王姑娘，表哥让你再等等》中，六神磊磊用《天龙八部》中王语嫣苦等慕容复的痴情为"平安白金信用卡"做广告，只因后者赠送航班延误赔付保险——王语嫣和平安白金信用卡持卡人的共同点在于"等"。这就更加牵强，且不说作为高端金融产品的白金信用卡将"延误赔付"作为主要推广点是否合适，单说对文案的理解，金庸的读者都知道，王语嫣等不到慕容复并不是因为时间，而是因为目的不同——一个为爱等待，一个为事业辜负，再快的航班也追不上逝去的情感。

以上两篇是六神磊磊公众号里广告的常见模式：从小说细节展开，配以金庸剧的剧照，待故事结束，读者心目中已然升起"蓉儿"或"神仙姐姐"的倩影时，一道分割线突然插入，画面也随之一变，放浪形骸的剑客跳转成兢兢业业的商务白领，黯淡古朴的冷兵器转化为时尚炫彩的精密科技——从而引出广告商品。由于文章写得好，六神磊磊公众号所发广告文的阅读量大多能够轻松超过百万。但考虑到故事形象与商品形象间的断裂，其广告效果就打了折扣。在这些文章庞大的传播数据中，是不是有足够数量的目标消费者，他们是否愿意读完故事后越过分割线继续下拉屏幕看广告，以及能否准确获取商品信息等都值得商榷。

微信属于新媒体，公众号被用作广告平台的历史更短，在其中投放广告的大部分是升级换代频繁、强调潮流和时尚感的产品，例如手机、小家电、化妆品等，而"读金庸"读的是古代武侠，无法带入广告商品。因此，像一般"软文"那样将商品与人物情节结合以唤起读者好感的方法在这里并不适用。六神磊磊公众号里的广告总是与正文截然分开，一方面是由于金庸笔下的人物都依托小说语境而存在，如果黄蓉关键时刻刷起手机，韦小宝手中的骰子换成信用卡，他们就会失去原本迷人的个性，因此即便是广告文，也是人物有人物的故事，广告有广告的位置。另一方面，则是由于个人公众号无法消除的个人痕迹，包括形象定位和价值观等。六神磊磊的公众号形象是卑微的"草根"，与"白金卡""宝马"等高端商务产品的定位相去甚远，他只负责传播，却没有直接经验。更重要的是六神磊磊的态度，尽管其公众号已成为一个极具价值的广告平台，他本人依然是抵触的。与"4A"①从业者笃信广告自身具备价值不同，六神磊磊反复强调文章才是最重要的，即使去掉广告也是一篇好文。虽然其带有广告的文章的阅读量不低，但在六神磊磊看来，读者是为了"好文章"而迫不得已接受广告。

如果从广告媒体角度评价，六神磊磊这种清高的文人腔

---

① 4A 是 American Association of Advertising Agencies（美国广告代理协会）的缩写，其标准被世界多国广告业界沿用。就职于 4A 公司也成为多数广告人追求的目标。

调就很不合适。他承认"和广告比，打赏是可以忽略的"①，但他对广告商和打赏者的态度截然不同。对于那些将"第一次打赏"送给他的读者，六神磊磊热切地给予情感回报，甚至采用"可以打赏了，可要说到做到"这样亲昵到有些无赖的语气。而对于广告商，则想当然地认为读者是出于"对我的宽慰和鼓励"才接受广告的，并为之画上冷冰冰、保持距离的分割线。公众号受众具备付费意愿和能力，他们会因崇拜而购买冯唐的产品，因宠溺而打赏六神磊磊。但广告的诉求是让消费者建立起对商品、品牌的好感进而行动，并不是一次性购买行为。比起冯唐游刃有余地构造一个名为"冯唐"的虚拟媒体形象，六神磊磊更加真诚地相信读者的行为指向"个人"，所以极力将个人与广告分开。他这种对广告的抵触情绪难免波及读者，甚至可能妨碍广告商品在受众中建立好感。

当前个人公众号已被普遍用于发送广告，在内容的灵活性、传播的广泛性等方面甚至超越了传统广告媒体，但个人公众号毕竟属于自媒体，不是那种相对中立、面向无差异人群的大众平台，因此公众号号主自身的媒介形象、对广告的态度、消费选择和阶层定位等，都影响着广告的传播效果和消费者的购买决策。

---

① 　六神磊磊：《如果马尔克斯坐在我面前》，http://mp.weixin.qq.com/s/Ub_VCvkSto_pwoRuIaxUxg，2016 年 7 月 14 日。

第四节 •
愤怒女战士：专业性平权卫士 •
•

　　既然个人公众号传播的是个人意见，言辞就难免任性偏激，那些极少出现在印刷品里的"真性情"，在公众号上十分常见。"严肃八卦"（微信号：yansubagua）① 就是一个极其情绪化的个人公众号。作为拥有微指数 4619，影响力 54，新榜指数 933.6，总排名第十七 ② 傲人成绩的娱乐大号，虽然"严肃八卦"没有把人名放在标题里，但其创建者"萝贝贝"的形象早已与之浑然一体。萝贝贝曾供职于纸媒《VISTA 看天下》，自称具备新闻专业主义素质。从将"严肃"和"八卦"这两个矛盾概念合二为一的名称中即可看出她的野心：一方面区别于传统媒体过于严肃、缺乏娱乐精神的宣传口径，融入私人渠道得来的一手消息；另一方面区别于纯粹八卦的不负责任和恶意揣测，坚持相对公允——试图以个人价值观重塑娱乐媒体，写有根据、有底线的八卦。虽然反复强调自

① 2017 年 6 月 8 日，微信公众号"严肃八卦"被封停。
② 本条数据见"微指数""新榜"网站，采集日期：2017 年 5 月 18 日。

身职业记者的专业素质，但萝贝贝的"严肃八卦"其实并不公允克制，尤其是在涉及娱乐圈女性遭受不平等待遇等话题时，往往流露出按捺不住的愤怒。而这种怒气冲冲的语调，不仅没有影响公众号订阅，反而成为萝贝贝吸引力的标签。

影视娱乐媒体受众以女性居多，广告也多是美妆、个护等女性用品，能否赢得女读者的好感至关重要。尽管如此，在娱乐报道中，性别歧视等言论依然很多，这种情况在中国香港娱乐界尤甚。"提到女星恋爱会说她'生擒'某某，报道婚姻生活要用'如狼似虎'，离婚就形容'豪门梦碎'"，对此，萝贝贝称"希望努力纠正过来"。[①] 坚持为弱者发声的态度使"严肃八卦"的观点获得大量转发和引用。但在对男性的态度上，萝贝贝则常用"毒舌"手段。坚决抵制性别歧视，为娱乐圈女性鸣不平的态度使萝贝贝在 2015 年网易评选的"年度性别平等大事件"活动中与屠呦呦、胡歌、张泉灵等人一起站在了领奖台上。

鲜明的女性立场不仅为萝贝贝赢得了大量转载和社会荣誉，还带来了大批忠实女"粉丝"。视角独特的文章和怒气冲冲的措辞使其在一众媒体人中凸显出来，成为保护女权的"正义斗士"。这一方面是身为年轻女性的萝贝贝在追求性别平等时的真情流露，另一方面又不能说不是一个精明的

---

① 蓝战：《"性别"榜样萝贝贝》，https://www.sohu.com/a/69775714_226049，2016 年 4 月 17 日。

营销策略。在"严肃八卦"的广告里，物品帮助女明星彰显独立人格：使用"迪奥魅惑釉唇膏"的女明星"百变有趣都与'斩男'无关，完全是为自己开心啊"，"纪梵希小粉唇浪漫包装随时都能激发出少女心"，"神仙水成为……不二之选，当然是因为实力过人"……一度被解读为"取悦男性"的美妆品被转换为更具平等意味的"取悦自己"。

除了具体的商品广告，"严肃八卦"中的营销文还涉及剧集宣传和明星公关。这两类稿件虽不直接诉诸购买行动，却意在使受众改变看法，要求撰稿人使用更加巧妙的说服策略。"严肃八卦"一方面是个人公众号，表达个人态度，对娱乐现象无情批评、尖刻"吐槽"；另一方面，它也是广告媒体，担负着为雇主——商品生产者、剧集制作人、明星经纪公司等改善舆论环境、提升口碑的任务。因此，它必须同时令公众和广告主双方满意。一是要在持不同意见的"粉丝"中选对阵营，在褒贬时表达主流网络民意。由于当前价值判断趋向多元，如果没有站对立场，很可能引起"粉丝"内讧并失去支持者。二是不能得罪广告主。这一点更难，娱乐八卦围绕明星"吐槽"，而遭遇"吐槽"的明星很可能就是某条广告潜在的代言人。"吐槽"之后能否自如转变口风，不仅关系到公众号的经济来源，也关系到公众号号主自身媒介形象的前后统一性。

判断网络民意对萝贝贝来说不是问题，从其拥有"10

万＋"阅读量篇目的数量就能看出她总是站在大多数网民一边。然而,尽管被"粉丝"称为"有格调""三观最正",但"严肃八卦"引起的争议也不少。老资格娱乐八卦论坛之一豆瓣网"八卦来了"小组成员就曾公开声称萝贝贝涉嫌选题抄袭,认为其观点往往是网上点赞最多帖子的总结,甚至可凭借当天小组发帖预测"严肃八卦"的推送内容。其实,如果考虑到网络媒体的相互渗透,这一现象就不足为奇。"严肃八卦"选题依托萝贝贝的眼界和喜好,她"擅长从蛛丝马迹里找线索,分析事件背后的暗涌,找寻公众人物的脉络"①。作为一名网络作者,她所关注的"蛛丝马迹"自然不会漏掉热门帖子下的回复和点赞,将豆瓣"八卦来了"、天涯"娱乐八卦"等热门小组和论坛作为寻找和推测热点的捷径也是理所当然的。

　　成为广告媒体后,公众号自然不可能依旧只表达个人意愿,有时为满足广告主要求甚至需要转变口风,出现前后报道态度矛盾的情况。在某些网民看来,"严肃八卦"这种做法是立场不定。实际上,与其说公众号主萝贝贝没有主见,不如说这是个人公众号为谋发展而引导网民意愿向广告主立场倾斜的策略。

---

① 韩依民:《严肃八卦创始人萝贝贝:公众号的成功源于有趣》,http://tech.qq.com/a/20151112/054096.htm,2016年4月17日。

　　"严肃八卦"这种对同一个明星、同一部剧集前后不同的态度虽然被嘲讽为"收钱洗地",但也可以理解成个人看法的改变。以往的媒体报道追求全面、理性、公允,而个人公众号难免受个人的主观情绪和信息来源限制。事件的真相因立场不同而呈现不同样貌,个人在了解更多内情之后,转变看法并不稀奇。这种不抱成见、积极纠错的态度,比起单纯站队的"脑残粉",无疑更高一层。

第五节 •
分众媒体与情感经济 •

　　个人公众号广告是网络媒体和广告双重进化的结果，它很好地将广告的说服策略与网络媒体的分众特性结合起来。

　　这里有必要回顾一下广告说服策略的演变。广告本身是运用修辞手段对潜在消费者进行说服并促成购买行动的过程。亚里士多德在《修辞学》中提出的三种说服方式——人品诉求、情感诉求和理性诉求，无一例外都在广告中得到过运用。工业时代的广告比拼物自身，展示品质，说明功效，强调理性诉求。广告中如果有人物，一般扮演使用者和受益者，人的角色由物决定。消费文化的兴起使物的差异被文化差异替代，广告人物也从与物有关的角色转为"代言人"。代言人是物品特性的人格化外显，他们帮助消费者在同类物品中选定某一特殊品牌。明星是最常见的代言人，这不仅是因为他们有知名度和号召力，也是因为造星过程会放大明星某一方面的性格特点，使他们看起来与众不同、充满魅力。明星代言的说服力与人品诉求相关，他们独特的角色、人设与价值观都是其人品的一部分，并间接转化为经济效益。不过，与亚里士多德"人品诉求"中的道德品质、人格威信等相比，明星的独特魅力却不太可靠。因为完美人格多半源于距离，明星由经纪公司和媒体共同打造，在单向媒体时代尚需搞好公关以保持宣传点和神秘感，何况到了人人皆"狗仔"的网络时代，媒体形象与真实人品之间的差距就特别容易暴露，引发信任危机。网络媒体以祛魅之手将以往尽善尽美的"大众情人"变成任性的"私家爱豆"①，广告中人物形象塑造的重点也由出众、完善的表率性转变为亲近、"蠢萌"、不惮于暴露小弱点的亲密性。以"耐克"为例，这个曾经由乔丹、C罗、费德勒等世界冠军代言，强调专业和巅峰体验的运动品牌，如今竟求助于"小鲜肉"。2017年3月8日，某年轻明星一条"@耐克"的微博几天内转发198万次，而排在其后的"耐克助力费德勒澳网夺冠"的品牌文案，转发量还不到1700次。从"大众情人大明星"到"私家爱豆小鲜肉"的转换，迎合了网民的喜好：比起完美得近乎虚假的明星，不够专业却频繁出糗、勇于"自黑"的"小鲜肉"看来更加可信。"自家爱豆自家疼"，说服力不再源于理性判断或人格吸引，而是最为私人化和不确定的情感诉求。"小鲜肉"

---

① "爱豆"是"粉丝"对偶像的亲昵称呼，是英文"idol"（意为偶像）的音译。为突出"爱豆"之间的差异，经纪公司和媒体在宣传时将这些"爱豆"塑造为"粉丝"的私人情感对象，因此产生了"女友粉""亲妈粉"等，从而防止"粉丝"将情感转移到其他具有类似特点的"爱豆"身上。不同阵营的"粉丝"互不认可对方的"爱豆"，并将自己的追星对象视为"私家爱豆"。

们之所以尽力渲染自己也是"普通人"，正是因为他们的"粉丝"的主要阵地是互联网上的社交媒体和自媒体。

公众号的兴起恰恰是在广告宣传从广而告之进入人格化、情绪化的时期，因此一些个人公众号在资本和市场机制的运作下，"顺理成章"地承担起广告功能。自媒体中看似不起眼的普通人竟然具备广告明星都望尘莫及的强大"吸粉"能力，这充分展示出网络与众不同的新特质。广告开始重视并积极利用自媒体，广告主角也不再由专门的明星或模特把持，网络红人作为新型大众人格的表达力量登场——由此，成名于网络自媒体的公众号号主在公众号中施展个人魅力的过程与广告语通过"任性""我就是喜欢"等强烈情感刺激来扩张影响力的过程同理。如果说广告运用不同的修辞策略进行重点说服，那么个人公众号号主在自我表达欲望、获得认可欲望和成功欲望的推动下进行的个人形象建设则更加灵活地运用着修辞策略，并借助每日更新的优势将其细化为受教、娱乐、共情、陪伴等多种诉求。

在不同修辞策略的共同运作下，个人公众号成为千奇百怪的号主的文字化身。自恋者的公众号毋庸赘言，号主本人就是压倒一切的理由，他们将自己的思想、情感、见识和消费观强行灌输给顺从的"粉丝"，迫使其行动。谦卑者的公众号以兢兢业业的劳模状态和讨好的文字满足读者的心理优越感，谋求打赏和对广告的容忍。在以专业面貌示人的公众号里，公众号号主则是权威信息、公允态度和强烈正义感的化身，"粉丝"在被说服的过程中获得受教育的满足感。原本只是微信附加功能的个人公众号因为灵活的修辞策略和巨大的经济潜能而具备对广告主和受众两方面的吸引力，动辄获得"10 万＋"数据的加持，显示出其独立的媒体特质。这种媒体超越了传统意义上的"大众传媒"，实现了个性化、差异化的分众传播，使"广播"（broadcasting）变成"窄播"（narrowcasting）。

网络受众在获得更大权利的同时，也被迫做出更多选择。如何甄别并选择有效信息，避免个人狭小眼界造成的"信息茧房"① 效应就是新时代受众面临的新问题。虽然信息选择权是以往受众所不具备的权利，但并非每个人都有能力并愿意行使它。在传统"把关人"力量减弱之后，网民需要更加多元的信息代理机制。互联网媒体经历了从模仿传统到焕发新质的过程，先后孕育了个人网站、博客、朋友圈等新形式。公众号与它们有相似之处：公众号由号主独立发布完整内容，发布前的过程类似网页制作，但读者从随机的页面浏览转为关系稳固的订阅用户；它虽是一对多写作，但因手机终端的私密性而具备喁喁私语的亲切氛围，有利于情感建立和说服力的形成。不同网络媒体在不同程度上分担着"把关人"的

---

① "信息茧房"（information cocoons）是美国学者桑斯坦提出的概念，指公众由于兴趣、能力等方面的原因将自身困于有限的信息领域内。

角色，在公众号里，就由公众号号主为性情投合的受众进行网络信息议程设置。公众号广告传达给特定受众，其说服过程也带有人际亲疏的痕迹：号主以自身形象特质向最亲近的"粉丝"——订阅者进行直接说服，转发者通过个人社交网向好友、群友进行共情说服，最后才是广告修辞本身的感染力。号主和转发者某种程度上都被纳入代言人体系，将个体人格和情感叠印其上。

互联网把每个人都变成信源，社交媒体更是划定了个人的强关联传播领域。微信转发是直接的人际传播，通过熟人形成口碑效应。经由网络进行的口碑传播不仅到达范围远远大于口耳相传，表现形式也不受制于传播者本人的口才和表达能力。只要转发，人们就能原封不动地获得公众号丰富的内容和巧妙的辩才，而自身话题的点赞和再转发量越多，就证明个人影响力越强。在这种即时可见的影响力提升激励下，人们会积极选择话题并主动圈定传播对象，充当智能化的分众传媒末梢。相反，对高质量网络内容的需求迫使有消费能力的网民接受并认可对信息进行反馈、给作者以回报。以点击量和点赞数贡献人气已显得强度不够，必须以更加"实际"的行动来表示——或打赏，或购买广告商品，以贡献金钱进行回应。

热门公众号的维持是公众号号主和订阅者共同的任务，这一"分享并分担"的使命感使公众号同时具备虚拟社群的聚合力。订阅者对于公众号既带有私人兴趣，又抱有群体归属感：通过阅读、点赞、回复等与号主直接沟通，通过投票和参与话题联合其他读者集体行动，通过购买并使用带 logo 的定制产品形成群体交感。在对公众号广告商品的购买行动中，消费具备了"护身符或者图腾"①般的功效，成为某个网民群体虚拟关系的物质外显。信源权威、到达力强，又拥有与受众私密交流的界面，公众号因而具备作为广告平台的天然优势。从阅读文章到消费行动之间虽有距离，但点赞和转发就是读者在以行动为文章和广告商品背书。看似简单的自媒体个人公众号，轻而易举地将情感和口碑转换成或隐或显的经济关系。

网络技术发展迅猛，网上媒体速生速朽，往往尚未成熟便销声匿迹。与印刷品的缓慢演变不同，网络终端和媒体在彻底删除和抛弃替代中飞速更新。在这种迫不及待去旧纳新的环境中，网络文化的演进痕迹模糊，几乎无迹可寻。正因如此，凯文·凯利才通过蜜蜂等生物在"失控"状态下的自我修整，来类比网络文化无序又不容置疑的进化。②然而，即便"失控"是网络时代的必然，关注细节、还原场景、保

---

① 有关物品分享的交感体验，以及物作为图腾和护身符的特性，参见罗素·W. 贝尔克：《财产与延伸的自我》，吕迎春译，载孟悦、罗钢主编：《物质文化读本》，北京大学出版社 2008 年版，第 134、138 页。
② 参见凯文·凯利：《失控：全人类的最终命运和结局》，张行舟、陈新武、王钦等译，电子工业出版社 2016 年版。

存案例依然有其意义。个人公众号广告这一现象出现不过几年，发展仍带有极大不确定性，但它确实搅动了社交媒体、自媒体、广告业的格局。解读相关案例，追溯其分化、结合和变异的过程，对于加强媒体文化研究的深入性和及时性都有意义。

公众号的兴起是在广告宣传从广而告之进入人格化、情绪化的时期，一些个人公众号看似不起眼，却具备了强大的号召力，展示出网络媒体的新特质。本章关注公众号号主截然不同的媒体形象，通过咪蒙的谩骂、冯唐的自恋、六神磊磊的谦卑和萝贝贝的正义感等，考察自媒体人物性格与媒体形象的结合与相互加强的方式，探索并分析新媒体时代传播策略的变化，人际传播与大众传播的混淆，人格化媒体与受众建立情感联系、为受众提供情绪出口等现象。

研讨专题

1. 公众号为什么能成为一种独立文化现象？其媒介基础是什么？

2. 个人公众号与个人博客、专栏等有何不同？为什么？

3. 个人公众号文章在说服方式上与一般面向公众的媒体文章有何区别？在说服策略上有何特点？

4. 相比其他媒体，为什么个人公众号更易于诉诸情感和情绪，甚至会出现谩骂、怒斥的语言？

拓展研读

1. 孟悦、罗钢主编:《物质文化读本》, 北京大学出版社 2008 年版。

2. 凯文·凯利:《失控: 全人类的最终命运和结局》, 张行舟、陈新武、王钦等译, 电子工业出版社 2016 年版。

3. 古斯塔夫·勒庞:《乌合之众: 大众心理研究》, 冯克利译, 中央编译出版社 2011 年版。

4. 许苗苗:《在博客中体验偶像生涯》,《文艺评论》2006 年第 2 期。

第六章

/Chapter 6/

新媒介时代的传统文化

　　源远流长的中华文化孕育出中华民族特别的文化艺术瑰宝，在对优秀传统文化的传承和创造性转化、创新性发展的过程中，需要从历史连续性角度把握，以全面理解古代、现代和未来的中华文化。我们如今谈论媒介文化，往往追新求异，但实际上，媒介不仅孕育着诸多新的文化现象，还能让传统文化精品焕发更大魅力。以我国"四大名著"之一的《红楼梦》为例，这部作品不仅仅是古典文学经典，其主题的恒久性、内容的包容性、角色的丰富性和形式的多样性等，还使之具备强大的媒介适应能力。伴随时代主导媒介的变迁，《红楼梦》也拥有了手抄本、印刷品、影视剧等诸多版本。在互联网时代，这部作品更成为全体参与者和创作者的文化资源，不断在新媒体上孕育并孵化新的文艺形式。本章即以《红楼梦》为例，考察新媒体时代优秀传统文化的传承与发展问题。

第一节 ·
媒介转型和网络时代的《红楼梦》·

　　初名《石头记》的《红楼梦》成书于清中叶乾隆时期。那时，白话小说并不是受人尊敬的文体，这部作品没能为它的作者带来经济上的收益或声誉上的提升。虽然如今看来，《红楼梦》已达到古典艺术的至臻境界并具有超越性，但在当时，《红楼梦》只在小范围内供志同道合的朋友赏鉴。它采用小说形态，但作者边写边改、脂砚斋等边读边评的做法，却类似文人之间的往还唱酬，目的不在娱乐大众，而是自我消遣。这导致《红楼梦》前八十回成书后很长一段时间仅在曹家亲友中以抄本形式小范围传阅。[①] 抄录者的增删或笔误，以及作者本人想法的变动、为回应评点做的改动等，导致现存手抄版本有十一个之多，长度也参差不齐。比起脱胎于评书、话本的作品，白纸黑字的抄本有相对固定的形态，但各抒己见的手抄本依然带有混淆作者身份、真实意见不明

---

① 参见商伟：《文人的时代及其终结（1723—1840）》，孙康宜、宇文所安主编：《剑桥中国文学史　下卷　1375—1949》，刘倩等译，生活·读书·新知三联书店 2013 年版，第 301—302 页。

等早期小说常见的谜题。直到曹雪芹去世近三十年后的乾隆五十六年（1791），程伟元等才首次将一百二十回本用活字排印，并于第二年修改再版。① 该版本也因此被称为"程本"。后四十回续书无论是否偏离作者的原意，都不容否认，相对完整的情节使公众容易接受，批量化的刻印使作品广为流传。这两点使程本成为后来公众所见的标准本。至此，《红楼梦》经历了从手抄本到印刷品的第一次媒介转型。

经由印刷品批量付印之助，程本出现后，读红楼、品红楼成为社会时尚，以至于嘉庆年间有"闲谈不说《红楼梦》，读尽诗书也枉然"的说法。② 人民文学出版社于1957年出版了第一版《红楼梦》，此后多次再版，即便是"文革"期间，其再版印刷也没有停止。此外，中华书局、上海古籍出版社等都曾刊印《红楼梦》的不同校点版本，横排、竖排、繁体、简体、校注、影印……真可谓琳琅满目。印刷和刊刻使《红楼梦》的内容固定下来，大批量的发行让更多人得以领略这部书的妙处。这是《红楼梦》传播上的一个飞跃。由此，它得以正式介入印刷文化体系，迅速占领并演变出尽可能多的媒介形式。仅在印刷文学领域内，就既有研究者校注、评点的专业红学著作，也有作家个性解读的生发、演绎，更有

---

① 中国社会科学院文学研究所、中国文学史编写组编写：《中国文学史》，人民文学出版社1962年版，第1100页。

② 中国社会科学院文学研究所、中国文学史编写组编写：《中国文学史》，人民文学出版社1962年版，第1118页。

《红楼续梦》《红楼梦外编》等故事续写。《红楼梦》续书之多，在长篇小说中打破了纪录[1]，从清代至今源源不断。在印刷品《红楼梦》的传播中，有两类读物不容忽视，那就是课本和连环画。在"人教版"中学语文教材中，列入了《林黛玉进贾府》《葫芦僧乱判葫芦案》《香菱学诗》等多个篇目。2000年起，人民文学出版社"语文新课标必读丛书"中也有《红楼梦》，并在封面标明"教育部《普通高中语文课程标准》推荐书目"。纳入中学教材体系使阅读《红楼梦》不再单纯地关乎文学趣味，而是成为衡量个人文化素质的指标之一。连环画的绘制和发行则是印刷品传播、推广《红楼梦》的又一次突破。特别是1981年上海人民美术出版社出版、著名画家戴敦邦绘制封面的一套十六册图书，其中有九册发行量超过百万册，第一册和第十册印量甚至高达三百万册，创下了纸质图书的惊人业绩。伴随着简明的故事梗概，传神的图画演绎将文学经典《红楼梦》转变为雅俗共赏、老少咸宜的大众文化读物，提高了其作品人物的公众辨识度和认同度。

　　当然，拥有强大艺术感染力的《红楼梦》绝不仅仅局限于印刷品，而是转化出了多种媒介形式，如戏曲、评书、舞台剧、广播和影视剧等，并成为绘画、剪纸、雕塑、手工艺

---

[1]　中国社会科学院文学研究所、中国文学史编写组编写：《中国文学史》，人民文学出版社1962年版，第1118页。

品的常见题材。但印刷术有惊人功效，它几乎可以为各种媒介形式提供对应的印刷版本，并将之传播、推广。如以影视截图为画面的连环画书，辅以剧照的戏曲底本、海报、宣传册等，报刊文章更是将之作为评论对象。绘画的大众传播和普及更离不开期刊和画册，一些绘画甚至登上了邮票、扑克牌、日历……在不同文艺工作者不断地改编和再创作的过程中，《红楼梦》变得更加丰富多彩。

在互联网时代，《红楼梦》这部已在印刷文化时代获得巨大声誉的经典又积极涉足网络，慷慨地为新媒体领域提供文化资源，孕育并孵化出更多新的作品。

互联网用户中不乏《红楼梦》的爱好者和"网络红楼"内容的贡献者。他们不仅创作出《红楼梦》的"同人小说""同人书单"，还将其拓展为跨媒介联动的"超级话题"。网民融合多种媒介手段，借助《红楼梦》的文化基因，孕育出同人小说、个性书单、微博"超话"和视频弹幕等一系列全新作品。喜爱《红楼梦》的人在网上为它搭建形态各异的在线园地，不仅有原作的电子书、有声书，有各家点评和续书的在线查阅版本，更有数量庞大的同人小说。"红楼同人"为有写作欲望却缺乏独自构架完整故事能力的人搭建起背景结构，催生出个性化的人物命运；而"红楼书单"为不愿或不能写作的人提供一个通过阅读和评点发声的方法。与同人小说和书单相比，微博超话"＃红楼梦＃"的话题更分散，涵盖内容更多样。所谓"超话"原本是新浪微博的一种分类汇总功能，通过以"#"隔开的标签，将近似内容归类到相应页面。与普通微博相比，超话不仅能够超出 140 字的限制，还能将随机零星的发布整合起来。"红楼同人""红楼书单"以及超话等，将爱好者的零星意见汇总成篇；网络论坛上的主题讨论、网友聚集的"红迷会"等，则以组织凝聚力引发线上线下的联动。

从媒介转型的视野看，网络时代的《红楼梦》基本可以分为原作上网、网络原创、主题论坛、跨媒体互动等几类。

小说进入网络公益图书馆供更多的人阅读、查找是《红楼梦》上网最基本的形式。同时，将小说录制为声音文件，将已拍摄好的红楼影视、戏剧转化为网络上可播放的视频文件，也是较早且较常见的利用互联网多媒体功能传播的形式。虽然是将已经制作成型的文字或音像作品搬上网络，却并不是单纯的搬运，而是为了拓宽现成作品的传播范围，并产生出以往不具备的功能。例如，读《红楼梦》小说是一个专门、连续的过程，其文本上网却将其打断，变成片段式的、不讲究时间地点的阅读。网络搜索功能方便了专题性阅读，读者可以专读"晴雯撕扇"或是"红楼二尤"，也可以将大观园里有关诗社的几章挑出来穿插阅读。以往只有特别迷恋《红楼梦》的读者和研究人员才会用的检索法，在网络上成为快速阅读的捷径。又如《刘心武揭秘〈红楼梦〉》原在中央电视台《百家讲坛》节目播出，由于主讲人讲述节奏较慢，节目播放时间为中午，所以观众以中老年为主。该节目转为音频并进入手机软件之后，受众年龄结构发生了完全的逆转，绝大多数是青年。[①]

红楼梦主题论坛完全显示了网络媒体与印刷媒体的区别。当前网络上人气较高的红楼论坛有"夜看红楼""中国红楼梦在线""红楼梦吧""红楼星语"，以及天涯网、搜狐网等综合网站的红楼频道。在拥有海量信息、用户自由选择、网站致力于提高用户黏着度的网络环境中，这些风格各异的论坛以特色鲜明的栏目显示出网络媒体的独特性。"百度贴吧"下的"红楼梦吧"虽欠缺规范性和专业性，却为网民提供了一个"问答""宣泄""八卦""吐槽""评论"的园地。同时，作为国内主流搜索引擎，百度又有能力在网民搜索时，将其"红楼梦吧"中的话题以与搜索话题相关或类似的形式进行推送。由此，《红楼梦》不是一部小说或影视作品，而是一个人人愿意参与、乐于插话、敢于提问、勇于发表自我见解的公众性话题。在公众间，即便是误读或臆测，一次次对《红楼梦》的重提、作品在不同场景中的重现，也很好地诠释了《红楼梦》已沁入国人文化血脉的现象。网络话题的随意性能够诱发寻常人对《红楼梦》产生兴趣、参与话题。

---

① 数据来自喜马拉雅 App《刘心武揭秘红楼梦》专辑的 18556 个"粉丝"，统计时间：2014 年 8 月 15 日。

在这里,《红楼梦》不是个别人的私享,它生生不息的力量正是来自大众的接受、理解和再创造。

跨媒体延伸并不是网络时代特有的现象,《红楼梦》从小说到各类艺术形式的媒介转型已经证明了它的艺术感染力和辐射力的强大。但由于印刷、电子媒体传播由唯一中心向外辐射的特质,其用户的互动行为极其缺乏。如小说研究、影视剧评等均不能算作互动,只能称为反馈。在这方面,互联网的优势和对传播的革命性变革显现出来。网络最大的优势就是赋予普通网民以话语权,同时它在技术上综合了以往各类媒体的展示方式,所以《红楼梦》在网络上几乎演化出所有媒体类型——电子书、绘画图集、视频、剧照截图等。

同时,作为一种传播革新,互联网还不断酝酿着新媒体,《红楼梦》也随之进入博客、微博、微信朋友圈。"红楼梦精雅生活"主要组织并开展与《红楼梦》中生活主题相关的线下活动,如"调香""品茶""联句""祈福"等。一些或民间或商业的组织,利用新媒体,在线下组织网民了解并进入一种类似《红楼梦》所描绘的古人的生活方式。这种行为一方面含有商业推广的目的,另一方面也在传承和发扬古老文化方面发挥了作用。

相比而言,《红楼梦》在网络媒体中最丰富也最吸引人的形式,即网民自发的同人创作。

第二节　●
《红楼梦》网络同人的主题选择　●

　　《红楼梦》在网络媒体中呈现出多种形态，不仅红楼主题在网络小说里高频率出现，原著的角色设置、人物形象，以及对话的语气、生活的细节等，也出现在多部知名网络作品中。以知名作品人物为对象进行再创作的"同人小说"是网络文学中的一个热门类型，"红楼同人"就是在网民的活跃参与中诞生的。

　　作为热门同人文对象，《红楼梦》吸引了诸多写作者对其进行模仿，如热门的《后宫·甄嬛传》，它本是一部模糊历史背景的架空小说，但受众一致认为它在致敬《红楼梦》，甚至对比、罗列了两者的相似之处。如眉庄入选时所称"略识得几个字"来自黛玉进贾府时所说"些许认得几个字"，甄嬛收集荷叶上的露水沏茶对应妙玉的梅花雪水茶，允禧向玉娆的表白模仿宝黛对话，等等。天涯论坛则从社会意义、艺术表现手法等方面对《后宫·甄嬛传》和《红楼梦》的异同进行了讨论。百度贴吧、电驴社区等中更有好事者贴出图片，讨论《后宫·甄嬛传》人物对《红楼梦》人物的继承。

对于相关议论，《后宫·甄嬛传》作者流潋紫的回应是"看过《红楼梦》不下十几遍……是我写作路上的启蒙之作"。知名网络作家雁九的代表作《重生于康熙末年》中，主人公一觉醒来变成了时年七岁的曹颙。作者坦承，小说源自对曹雪芹身世的好奇，时代背景、家庭环境、人物关系，甚至仆妇姓名等，均自曹雪芹研究史料和《红楼梦》情节演化而来。当代网络小说《蜜蜡》在宣传时也自称为"向《红楼梦》致敬之作"。

在自由开放、求新猎奇的网络创作中，能看到《重生于康熙末年》这样托身曹雪芹之父的想象性红楼诞生记，也能看到《惜春纪》《重生红楼之环三爷》《神棍贾赦》这样以原作次要角色为主角的另辟蹊径的生发之作。围绕故事主角之一林黛玉以及一个次要男性角色贾环的同人小说尤其多。作为一种情感产物，同人小说不讲究与原著情节或逻辑的契合，而突出情感和态度，因而《红楼梦》丰富且具有超越性的主题被简化为最通俗的爱情和事业。网民乐于将自我"代入"林黛玉和贾环这两个不同角色。林黛玉的爱情寄托了女性对平等、自主和挣脱社会关系束缚的渴望，贾环的事业则反映出读者对平凡人扮演扭转乾坤大英雄的期待。红楼同人的趋同特性一方面与网络流行小说的通俗文学本质有关，另一方面也反映出网络读者的情绪强度和集体阅读偏好。

弗洛伊德从心理学角度将写作称为作家的"白日梦"，

"艺术创作就是以想象来构筑各式各样的幻想世界，以卸下现实重担，获得幻想性的欣悦与欲望的满足"①。相较传统作家，这一点在更注重表达的快感和自我的流露的网络作者身上更为明显。《红楼梦》流传至今，因读者的眼光获得了多样的解读，"经学家看见《易》，道学家看见淫，才子看见缠绵，革命家看见排满，流言家看见宫闱秘事……"② 由此不难想象，网络读者从中也看到了更多。在参与人群广泛、意见即时反馈的互联网上，《红楼梦》既是活跃的再创作对象，又拥有数量庞大的同人作品，呈现出更加多样的审美情趣。单从形式上看，网络红楼同人并不单调：王熙凤瞒过阎王重生进时尚私企大展拳脚，林妹妹回忆起绛珠仙子身份走上炼丹采药的修真之路，理工男被撞飞到红楼世界变成暴躁薛蟠……在网文穿越、重生甚至武侠、奇幻等类目下，都能看到红楼的标签，网络作者假借流行大众文化元素来重新设计自己喜爱的角色，赋予他们重生的智慧、趋利避害的洞明、强健的体魄，甚至是"原著不算，重来一次"的神奇本领。

然而，尽管这些《红楼梦》中的人物掌握了最脱俗的魔法仙术，但他们在网络新生命中实践的仍是最世俗的道路：无论主角身份嫡庶、位次尊卑、年龄老幼，故事均以趋利避

① 鲁枢元、童庆炳、程克夷等主编：《文艺心理学大辞典》，湖北人民出版社 2001年版，第 212 页。
② 鲁迅：《〈绛洞花主〉小引》，载《鲁迅全集（第八卷）》，人民文学出版社 2005 年版，第 179 页。

害娶美女、建功立业谋复兴的大团圆结局为目标。原著那最具特色的创新性完全被排除在网络同人作品之外，诸多作品追求的依然是才子佳人的老路。也就是说，多元异质的网络语境并没有酝酿出异彩纷呈的红楼同人，来源驳杂的网络文学参与者阅读红楼同人的期待竟高度一致——那就是爱情圆满、家族复兴。

宝黛爱情是《红楼梦》中最受青年关注的明线，也是其复杂主题中比较好把握且与每个青年切身相关的。关注红楼人物特别是林黛玉的爱情归属，为角色指婚配对，是网络红楼同人中最热门的需求。作为博得广泛同情的红楼人物，林黛玉是网民最钟爱的同人作品主角，以其为主线的作品数量远超其他主要角色。不同于传统续书力图趋近原著，网络林黛玉属于网民，红楼迷想尽办法改变她的命运。在他们的键盘上，林如海、贾敏重生，林黛玉多出好几个"兄弟姐妹"帮衬；晴雯、紫鹃也成为其得力助手，出谋划策、打通关节；林黛玉本人不仅重生，还洞明世事、健康坚韧，凭借预见避开纷争，一边积极改善自己的命运，一边担负起留晴雯、救香菱的责任。网民让林黛玉有"娘家"撑腰，有金钱护体，在感情选择方面，则给予她更多机会。有意思的是，"宝黛配"不被看好，很多网友将当代人的情感态度移植过去，认为与其为贾宝玉泪尽而亡，不如找个更好的——与北静王水溶的"水黛配"就是网友热心操持的结果。作为《红楼梦》

里唯一与"水"沾边的男性，他在《红楼之水培林秀》《醉红楼之水溶绛珠》等作品中担负起浇灌"林"的任务，北静王的高贵身份也与"世外仙姝"匹配。如果说这种做法还未超出原著语境，那么"禛玉配"则更让人觉得荒诞不经。《红楼之禛惜黛玉》《红楼之禛玉良缘》等都选择登基前的雍正即胤禛为男主角。一方面，清代穿越题材在网络和电视上十分流行；另一方面，曹雪芹家族与清代王室也有关系。当然，这种"关公战秦琼"也会遭到诟病，有人称："怎么不提林妹妹和哈利·波特呢？"由此可见，即便在推崇奇思妙想、"脑洞大开"的网络文学中，读者也不接受打着"同人"旗号却无视逻辑随意瞎编的小说，娱乐搞笑之下，仍然存在节制、反思和理性。

复兴家族是红楼同人的又一追求。远嫁成王妃的探春积极外交；迎春善用手段驯服悍夫；鸳鸯、平儿把自己的新生命及宁荣二府的姻缘家事操持得风生水起；老一辈的贾赦、贾敏、老太太甚至赵姨娘还魂附体，励精图治，共同成就家族的辉煌。谁都想不到，在振兴大业中，最获网民同情并成为热门主角的，不是贾宝玉、贾琏或贾蓉，而是贾环和薛蟠。如果说守寡母护弱妹的"呆霸王"除了纨绔还多少有几分"萌蠢"可供挖掘，那么贾环的吸引人之处又在哪里呢？从《贾环的自我奋斗》《穿越红楼之庶子有为》《贾环从军记》中可看出，相比一出生就有"宝玉"、拥有更多资源的贾宝玉，同样生在钟鼎之家的贾环却因庶出的身份而起点不高，在一定程度上更贴近屏幕前刷"网文"的芸芸大众。如果熟悉当前网络小说最流行的"废柴喝蛇血捡秘籍成武林盟主，'屌丝'救高人娶白富美出任 CEO"等套路，就不难理解网民钟爱贾环的原因：让起点低的角色扬眉吐气、功成名就，正是庶子上位、"废柴"成神之类白日梦的又一次实践。

爱情和事业、林黛玉和贾环，成为网络红楼同人写作的主流。这既是由于原作角色的丰富性和悲剧命运引发读者的不满足，也与网络媒介上年轻受众群体的心态及社会心理相关。其更深层的原因，是情绪化选择。

如今流行的网络小说是文化产业中活跃的一支，受到市场主导，因此只有能吸引最广泛层面读者的作品才能得到流行。商业化运作使网文积极迎合最多数量的读者，关注其阅读感受和喜好。网络文学的读者主要是为了娱乐消遣、打发时间，将阅读作为诸多低成本娱乐的选项之一。要将丰富的文学经典大众化、通俗化，就必须找到能够刺激不同层次读者共同兴奋点的话题。在《红楼梦》里，这个兴奋点就是青春之爱和巨富家族的兴衰。从恋爱、挣钱这两个最通俗的角度出发，就不难理解红楼同人的热门主角和话题。林黛玉、晴雯等美好生命的香消玉殒是原作着墨颇多、写在明处的悲剧，而薛宝钗、袭人等人的悲剧需要读者拥有更强的理解力和同理心才能感受；同理，比起天生自带光环的"高富帅"

贾宝玉，资质平常、嗔痴俱备的贾环显得更接地气，让他扬眉吐气也能够带来更具戏剧性的大反转。

简化思路、煽情处理、完满结局等是通俗小说的类型特点，即便发布在网上，红楼同人也脱不开流行大众文化的基本规律。同人小说创作的动力来自对角色的认同，作品也多半是感性表达，以爱憎分明和感情强度为特点。在同人小说的介绍页面，作者通常会以几句话表明文章的设定和立场。"设定"就是网络文学作者预先设计的背景框架，包括时代、人物能力和官职级别等，而同人小说名作的设定亮点往往在于小说与原著的区别，例如设定"林如海未死""周姨娘有子"，或说明情节转换的手段如"随身空间"（空间转换能力）、"金手指"（法宝、魔力）等。立场则反映文章整体情感基调，挑明角色忠奸，如"本文黑宝玉""黑薛宝钗""黑王夫人贾政""黑贾老太太""不喜勿入"等。由于网络讨论相对缺乏思想，不同角色爱好者有时甚至站队对骂，所以提前表明立场招揽同好并规避争执的做法十分常见。另外，同人小说的读者对象是对原著十分熟悉的读者，小说并不提供太多陌生的人物关系和活动空间，因此宣泄情绪、表达爱恨是同人小说写作引发阅读快感的主要途径。简单、极端的情绪化选择造就红楼同人写作非此即彼、取向大体一致的面貌。

第三节 ●
代入红楼：弹幕视频的语法策略 ●

弹幕网站是新兴的网络应用，但其中不乏与《红楼梦》相关的内容。弹幕网站真正发挥出互联网双向传播、多点创作的能力，是"生产者"，而非视频网站"观众"那样的欣赏者。曾在电视屏幕上备受赞誉的《红楼梦》影视剧进入弹幕网站，通过播放量、弹幕参数及用户差异化的关注点，恰可探寻作品跨媒介吸引力的真正源头。

以我国主要弹幕网站 B 站的"《红楼梦》相簿"栏目为例，其中没有简单的网络截图，而是以作者为依据分为"画友区"和"摄影区"，完全发布用户自创作品。虽然有个别图片看起来很像剧照，但它们其实是用户重新绘制或在剧照基础上添加了个人化的光影、晕染等的图片，可以看作"同人图"。此外，还有相当多的自创漫画、铅笔画等，有的色彩斒斓、手法纯熟，显示出专业插画师的水平，有的则形态失真，似是学童书本上的涂鸦。Cosplay 也是相簿中的特色，部分网友的照片非常精美，不仅人物妆发精致、衣饰华美，连道具和布景也颇下功夫，虽是方寸间的静态图幅，丰满的视觉语言却足够引人神游太虚胜景。

截至 2019 年 10 月，B 站《红楼梦》相关视频分为影视剧类和自创视频类，其中获得授权在线播放的影视剧资源搜索结果仅有 3 条，但播放量均不可小觑。其中《刘心武揭秘红楼梦》共播放 121.3 万次、弹幕 4.9 万条；2002 年拍摄的越剧电视剧《红楼梦》共播放 98.8 万次、弹幕 1.3 万条。1987 年版电视连续剧《红楼梦》（以下简称"87 版红楼"）是当之无愧的"人气王"，以 1100.1 万次播放量、48.5 万条弹幕的数据遥遥领先。相比以往纯以评论家口径判断作品的情况，弹幕网站真正将沙里淘金的任务交给大众。87 版红楼由用户的主动点选反馈积累而来的播放量和弹幕数，足以证明作品跨时代、跨媒介的吸引力。

弹幕透露出网民与电视观众截然不同的观看习惯。点开 87 版红楼第一集《林黛玉别父进京都》，片头音乐响起，夕阳映照的青埂峰下顽石矗立。对电视剧观众来说，这是最悠闲的时光，他们此刻很可能惬意地窝在沙发里，身心放松地等待剧情开始；而在弹幕网站用户眼中，开场画面却是以秒计数的紧张时刻，他们蓄势待发，准备争夺第一屏、第一弹。画面一出现，弹幕就如雨点般密密麻麻发射出来：有的为播放冲量呐喊"1000 万播放量冲冲冲"或"再来亿遍"；有的号称"刚从猴哥那边过来，四大名著冲呀"；有的评价"宝藏""梦开始的地方"；有的学着剧中人"不要金玉良缘，俺只念木石前盟"；更有人恐怕钗黛"粉丝"挑起争端，早早拉起免战旗"个个都是大美人，别争什么最美"。比起惜字如金的电视观众，弹幕时代的"后浪"们发言更随意也更直接，哪怕在小小屏幕上转瞬即逝的一秒里，也不忘传达自己差异的个性、差别的趣味和各不相同的关注点。

与影视剧弹幕跟随剧情评点不同，弹幕网站中最活跃的内容，是网民自由发挥创作的"自创视频"。由于视频制作有一定门槛，网民很难独立拍摄完整剧集，但这抑制不住他们旺盛的创作欲。弹幕网友利用《红楼梦》小说原文、专家评点、影视片段、摄影漫画，以及各种出人意料的素材，剪辑拼贴出与主题相关而又"脑洞大开"的全新内容。

角色镜头集锦是自制视频常见的一类，各版《红楼梦》改编剧演员们最美的年华都在角色中历久弥新，并被自称为"钗党""黛党""小戏骨""天真派"等的"粉丝"们剪辑汇总起来。陈晓旭扮演的林黛玉在镜头集锦中拔得头筹，截至2019 年 10 月，仅《原来陈晓旭版林黛玉在剧里笑了 90 多次｜林黛玉笑容剪辑｜她明明很可爱很调皮》[1]一条就拥有83.2 万播放量，22 分钟的长度被超过 3000 条弹幕覆盖，其他如《红楼梦薛宝钗个人群像｜收集宝钗 90 个最美镜头｜

---

[1]　林丫头的白玉簪：《原来陈晓旭版林黛玉在剧里笑了 90 多次｜林黛玉笑容剪辑｜她明明很可爱很调皮》，https://www.bilibili.com/video/BV1vE41167Fv?from=search&se id=6355814732940236681，2019 年 10 月 20 日。

祝张莉姐生日快乐》《娇憨湘云可爱剪辑｜云妹妹也太可爱了吧》《香菱个人古装美颜混剪向·苏幕遮》等，也都赢得众多的点击。网络自制视频与电视不同。后者意在讲故事，需要连贯的情节脉络；前者作为衍生艺术，不需要完整的前因后果，只是通过视觉效果放大并突出某种感觉。晴雯的俏、湘云的憨、香菱的痴，在视频里以面部形象的集中放大、细微表情的拼贴特写、肢体动作的定格分析，以及字幕和弹幕的辅助介绍等集中展现。

同样是《红楼梦》的个人镜头，有的剪辑却并非单纯欣赏，而是利用视觉形象，配以魔性音乐、无厘头对话，以及抖动、重影、倍速等特效，制造搞笑和意外的效果。王熙凤是这类视频里备受"UP 主"（上传者）青睐的主角。从"王熙凤告诉你什么才是真正的宅斗""凤凤子的出道三部曲""处处撩，凤哥：要是我是男的，把你们全都娶了"之类的宣传语中可以看出，爽利泼辣、聪颖独立的王熙凤被当下"后浪"们看作钗黛两维之外一个更具现代感的"大女主"。她不仅是宅斗赢家、堪当"女团 C 位"，还是"腹黑霸道女总裁"。《我王熙凤今天就是要笑死在这贾府上！》①是一个"鬼畜"视频。所谓"鬼畜"，即用简单、节奏感强的画面（或声音），

---

① ZCHBlmpulseX：《我王熙凤今天就是要笑死在这贾府上！》，https://www.bilibili.com/video/BV1a4411t7bv?from=search&seid=6355814732940236681，2019 年 5 月 1 日。

进行频率极高的重复播放，从而制造单调又怪异的"洗脑"效果。这条视频选取林黛玉见贾母之后凤姐"我来晚了"的亮相，应当是一个角色众多的远距离群像。然而，原本悲喜交加、一掠而过的场面，被技术定格并一帧帧转换放大，不同人物的面部特写被全屏展示。在单独提炼和反复凝视之下，原本自然的神情变得呆滞又机械。而王熙凤"人未到笑先闻"，配音以节奏极快且尖锐刺耳的"哈哈哈哈哈哈哈"循环播放，在搞笑之余带有一丝诡异和恐怖，制造出典型的"鬼畜"效果。其他如《王熙凤骂人合集》《感受一下凤姐的战斗力!》《易燃易爆炸踩点｜超 A 的王总》等视频，则将凤姐骂人的多个场面串联起来，凸显"凤辣子"最具标志性的特色。

被称作"泼皮破落户儿"的凤姐本就容易变脸，从视频中的嬉笑怒骂可以想见，但奇怪的是，"手撕""怼人""大闹""骂战"在其他红楼角色相关视频中也十分流行。如一共五集的《红楼梦手撕怼人名场面》系列，制作者"兢兢业业"串联起贾母骂贾政、宝玉训婆子、探春顶赵姨娘、焦大骂街，以及鸳鸯、晴雯、麝月、司棋发威使性儿的多个片段，完全打破了一般想象中的古装美人温柔娴静、遇事不争的刻板印象。最让人意想不到的，是在类似对抗性情节的视频中，林黛玉再次成功登顶，伶牙俐齿的她甚至获得一个"林怼怼"的爱称。网友们不仅爱看她在《林怼怼 & 贾憨憨（一个恋爱中的小作精）》里"怼宝玉"，还通过多个"林黛玉怼人合集"，把她与宝钗、湘云、雪雁、周瑞家的之间的对话和调笑挑选出来反复玩赏；而在《林怼怼的千层套路》《叛逆少女林黛玉之林怼怼日常嘴炮》《林怼怼的语言艺术》里，网友们则分析林黛玉机灵俏皮的说话风格，在故事的前因后果之外配以神情和身体语言，试图反转人们常有的"尖酸刻薄"等评价。

曹公笔下的千人千面，在原作里体现为文字描写出神入化，在影视剧中体现为角色表演活灵活现，在网络产品中，则体现为对某一人物特质所有相关材料的汇总。由于不同人在媒介接受方面存在差异，对于林黛玉究竟怎样机灵娇俏、如何风流袅娜，解读方式并不相同。有的人善以文字激发幻想，他们反复吟诵《秋窗风雨夕》《葬花吟》，虽折服于林黛玉的才情却看不真切眉眼；有的人善从图像中捕捉细节，他们通过影视勾勒其纤细灵秀的身影，却因痴迷于戏剧冲突而忽略了人物性格的转变。上网的人接收到的信息则与以上不同，他们面对的不是一个成型的作品，而是一系列源源不断的相关主题。仅以自制视频来说，"单人混剪"以容貌举止分析林黛玉特有的形象特征；"人物命运"则提供以其身世为线索的缩略故事；"宝黛""钗黛"集中于人物互动；而"林怼怼"系列突出林黛玉的机智俏皮，让人们看到林黛玉并非无端生事，而是一个美丽少女，"撒娇""斗嘴""作"，单纯的"使小性儿"转变为小女儿的日常情态。

红楼与"手撕"之类互不搭界的说法，在满屏"三分绝杀""高级怼"之类的弹幕中不攻自破，这得益于弹幕视频排比句一般的集中和强调效果。在文字作品中，人们很容易通过详尽的描写、铺排的语句、重叠的段落和篇幅安排等，把握作者想要强调的重点。反复阅读、咂摸体味和前后对照，能加深对重点部分的理解；细读与泛读的交替则有助于把控、安排阅读时间。因此，从媒介的沟通效率和准确性方面来说，文字更加精确有力。小说作者掌握更大的自主权，可以将大段描写和论述分配给自己偏爱的角色。电视却不同，画面转瞬即逝，导演必须考虑叙事的连贯性，而处于跟随位置的观众也不可能为理解一个镜头花太长的时间。为推进情节进展、便于观众理解，电视往往简化人物性格。与上述二者相比，弹幕视频融合文字、图像、声音和动态，并将作者意愿和观众反馈呈现在同一画面中。弹幕视频的制作主题就像文字中的排比句一样，以强盛的气势和整饬的形式，反复凸显并一再强调。其中，无论是剪辑图像还是弹幕话语，都遵循特定思路，以同一主题的重现为特征，带有强烈的情绪感染力。这种不顾语境，将所有资源拆散揉碎熔为一炉，任意裁剪为我所用的方式，虽然不可避免地带有零散断裂等詹姆逊所谓"后现代精神分裂式"的特质，却也最大程度发挥了不同媒介擅长的表达方式，对原作进行了不同层次上的更加立体的再现。

　　大多数《红楼梦》弹幕视频之下，都有来自不同网友的、高度套路化的留言。熟悉原作的人一眼就能看出，第一个留言者有意将自己代入林妹妹的角色，其后的应答者则你一言我一语隔空呼应，将红楼语境延续下去。尽管只是互联网上寻常的小小片段，这些留言却营造出作为弹幕网站主流用户的"后浪"们心领神会的氛围，即一个以"代入感"支撑的世界。网络虚拟空间就是"太虚幻境"，其中没有肉身凡体的真实自我，只有我们代入的角色。在以贾宝玉的眼睛看世界、以钗黛的心境体验和回应的过程中，网民们对《红楼梦》复杂的时代背景和细腻的人物情绪，有了更深刻的理解和更强烈的感受力。虽然对话带有几分调侃和戏谑，但代入感和参与性，无疑是互联网在文字和形象之外，为理解和认识《红楼梦》而提供的更清晰可感的途径。

　　代入感是文艺作品以独特形象激发受众心灵共振的能力。当我们看到林黛玉焚稿或晴雯撕扇时，会随同角色的一颦一笑而时悲时喜，这就是代入感在发挥作用。红楼女性美丽多情，自然成为众多女性争相代入的理想对象，但令人意外的是，那些"手撕""骂人"类视频，无论在弹幕量还是观看人气上，都丝毫不亚于前者。在王熙凤骂人的视频中，那高亢尖利的声调、连珠炮似的话语、雅俗不忌的比喻，以及骂人的口才、气势和生动性，都引发网民极大的兴趣，满屏的"祖安二奶奶""祖安文曲星""真爽快""无能狂怒"之类的弹幕，也许正是代入者们给出的答案：所谓"代入"，不仅指人们欣赏并将自己替换为主人公，也指将现实生活境况投射为故事冲突，从而感同身受的过程。人们跟着琏二奶奶破口大骂，就是以想象中的暴力安抚和平息现实中的不满。平日由于身份、职务、性格因素甚至表达技巧等，人们不得不将许多不满和委屈憋在心里；而一旦有机会，他们就会希望自己就是那个站在主导地位滔滔不绝的人，是颜值高、能力强、口才佳且永远在吵架时占据上风的人。通过视频里凤姐的嘴，网民找到了一种"代骂机制"，人们看凤姐骂贾琏、骂仆妇、骂尤氏，就是与她一起宣泄对"花心渣男""无能下属""塑料姐妹"的愤怒。凤姐骂得越泼辣狠毒，代入的网民越觉得酣畅过瘾。将现实矛盾投射在网络中，在假象中宣泄怨愤与不满，这是《红楼梦》"手撕怼人名场面"通过代入感制造的安抚效果。

当然，代入感并非总集中在负面的冲天怨气上，它也可以提供温情脉脉、甜蜜动人的陪伴。《1小时〈红楼梦〉白噪音｜在潇湘馆学习是什么体验》①以黛玉"每日家情思睡昏昏"的感叹开头，其后六十分钟的长度里，自始至终只有一

---

① 乔叶离：《1小时〈红楼梦〉白噪音｜在潇湘馆学习是什么体验》，https://www.bilibili.com/video/BV1G541147Ru?from=search&seid=49723747845384406，2020年5月6日。

扇绿竹掩映的窗户画面和单纯的白噪音。虽然单一画面在有些人看来很枯燥，但弹幕十分有趣，有人说自己"一边做红楼梦作业一边听这个"，有人高呼"妹妹，我来了"，有人报告"老师隔壁情侣在撒狗粮"……仿佛宝黛真的就是隔壁班共读的同窗。与之类似，《Study with me/ 实时学习 / 生物整理 读红楼梦 / 多学一分钟 大学会不同》也意在陪读，视频录制了中学生翻看《红楼梦》的"实时学习"状态，没有任何表演或言语，摄像机镜头仿佛一双安静的眼睛，默默注视着他人的生活。学生群体是弹幕视频的主要作者和受众，许多作品带有鲜明的作者痕迹：Cosplay 专辑《香菱女儿薛钿》中的"薛钿"仿佛偷了妈妈胭脂点在眉心的小姑娘；《宝玉与石头》互动的画中人分明是还在读书的"中二"少年；"数学加菲猫"发布的《红楼梦》是四张铅笔小图，笔记本的横线、橡皮擦的痕迹和稚嫩的字迹一下子暴露出小学生"红迷"的身份。《当我用林怼怼的语气跟爸妈说话》里，主角正是诗意的年纪，可伤春悲秋的句子一出口，就立刻被满口东北"大碴子味儿"的老爸当头棒喝，无愧为红楼搞笑系列热门作品。"老杨读红楼"一边念《脂砚斋重评石头记》，一边以当代文学批评语言进行讲解。这种将原文评点、个人解读和公众弹幕结合的方式，可看作评论话语在不同媒介间跨界并置，进而构造立体语境的尝试。

在以看图像视频写点评为基本功能的弹幕网站中，原作只是参考的背景和理解的基础，拆解原作、叠加弹幕、重新创作才是其核心内容和独特的生产形式。发弹幕时，人们与无数匿名者一起，针对同一画面表达观感。虽然肉身缺席，但意见以弹幕为形式，以画面为媒介，营造出虚拟在场的共同观看空间。对于这个空间，我们可以借用德国哲学家哈贝马斯的"公共领域"理论来考量。哈贝马斯曾通过人们在咖啡馆、沙龙等"公共空间"的言论方式，探讨介于日常生活领域和国家权力领域之间的公共领域对意见生成的作用。他的研究在互联网时代得到广泛借用和延伸，论坛、微博等都在某种程度上被看作网络"公共空间"。但论坛条目次序受版主控制，并未完全摆脱议程设置；微博则突出信息集散特征，热点转换快，缺乏对特定事件持续探讨的机制。与上述二者相比，网络弹幕带有更鲜明的公共性。首先，来自不同发送主体且页面不留名的弹幕，比一般网络场所的更具匿名性，身份和阶层（哪怕只是网络 ID 和虚拟身份）更难发挥作用。其次，在空间场域方面，弹幕作品既具备确定的主题，又因发送者观点和角度的差异而呈现丰富的异质性。当然，在以娱乐为目的的弹幕中，我们很难找到民主机制的生成途径，但巧妙的语言和恰当的时机、醒目的色彩，却总能让自己从密密麻麻的弹幕中脱颖而出，成为屏幕上的"意见领袖"并引起跟风。

弹幕视频通过代入形成情感共振，将分散的网民聚集在以《红楼梦》为中心的趣缘群体之内，通过代骂、陪读、逗乐、点评等方式，为人们提供情绪的出口、情感的慰藉和理性思维的交流渠道。虽然大多弹幕视频是短小的一家之言，在篇幅、制作、原创性甚至持久度方面，都完全无法与印刷品或影视剧相提并论，但这种以纷繁微话语介入《红楼梦》的方式，无疑在宏观大叙事之外，提供了更加生动多元的向度。

第四节 •
《红楼梦》跨媒介转型的意义 •

　　随着新媒介的诞生，不同媒介在内容、渠道、功能层面日趋融合，人们进入一个"全媒体时代"。加拿大学者麦克卢汉"媒介即信息"[①]的观点，即指出了媒介在人们认识世界、参与社会文化并形成意见的过程中起到的根本性作用。由于人对不同媒介产品的接受存在差异，作品的媒介形态越多样、自身维度越宽广，就越容易获得广泛的理解，这不仅会对更多受众产生影响，也能够增强其自身的生命力。因此，一部作品并非终止于文本结束处的句号，其生命的延续和含义的拓展，来源于再认识、再解读和再创作。

　　对比印刷媒介时代和网络媒介时代的各种《红楼梦》转型之作可以看出：前者追求权威、经典，注重作者意愿的表达，力求塑造出独一无二的、达到至臻之境的、范例式的经典；后者在《红楼梦》的开放性、包容性方面十分大度，它

---

① 参见马歇尔·麦克卢汉：《理解媒介——论人的延伸》，何道宽译，商务印书馆2000 年版。

是受众意愿的狂欢，充分尊重读者、观众的自主性，鼓励他们发挥想象力，建构一个属于公众的"红楼梦"，但同时，也在某种程度上跨越并偏离了原始的文本。

《红楼梦》的生命力很大一部分来源于笼罩其上的模糊性和不确定性。围绕这部小说，存在着诸多谜题：版本、作者、评点、人物原型……同时，宏大的结构、丰富的内蕴、广博的指涉、精心的比喻，也使其人物形象圆满生动，结构脉络具有"草蛇灰线，伏脉千里"的特征。但是，印刷媒介的传播是单一中心、主张确定性的，期望还原唯一、排他的文学和历史；各类续书，不论作者能力眼界高下，也都在力求贴近原著。即便是人各有异的舞台表演、绘画作品，也在试图将不确定的《红楼梦》确定下来。然而，受众的接受并非建筑在细分艺术门类基础上，而是出于接受者总体的趋同心理，对"红楼梦"这个主题进行统一和总体性的认知。也就是说，不论是文字、舞台还是绘画，受众心目中的"林妹妹"都应当有高度的同一性，比如聪颖、脱俗、敏感、瘦弱、忧虑等。这种同一性是一个符号化、简单化的过程。它由含混到明确，繁复故事逐渐变成梗概——封建大家庭没落过程中宝黛钗三人的爱情悲剧；复杂的人物性格也成了一一对应的符号：娃娃脸的宝玉天真多情，瘦弱的黛玉敏感忧郁，丰腴的宝钗温柔宽厚却真假难辨……诞生并流传于印刷文化中的《红楼梦》不可避免地实践着单向且封闭的传播：研究者、编辑、作家和艺术家共同构建起了一个力图消除差异的《红楼梦》传播体系。这个体系围绕着文艺精英构成的信息源点，利用各种媒介——无论是印刷品、舞台还是银幕——作为传播渠道，而其受众却几乎没有参与能力，只是被动地接受信源发出的信号，也就是文化精英选择并过滤过的相互趋近的视点。

当互联网新媒体逐渐显示出其强大的挑战性，以全新的"多向—互动"模式革新甚至破坏以往唯一中心的单向传播时，"红楼梦"就显出了别样的面孔：它可以是"Q版"的，可以很"无厘头"。柔弱的林妹妹可以上体育课锻炼身体，自强不息；慧黠的林妹妹也可以指导香菱积极理财，成为只靠自己的时尚"白骨精"。如果有关《红楼梦》的话题只剩下对经典手抄本和老照片中偶像的膜拜，那笼罩在这种精致趣味之上的光晕必将随着机械复制时代越来越普泛化的文化而日渐退却，成为怀旧记忆中保鲜的花朵。实际上，它不是文化精英赏玩的对象，而是一再被提及，总是有话题，是具有生产能力的网民延续了《红楼梦》及其他伟大作品生生不息的力量。在言人人殊的互联网上，拥有超高辨识度和典型性的林妹妹脱离原著语境，披挂起现代装备，让互联网成全她的新形象。《红楼梦》的媒介转型是一个积极的创造性过程，它并不是静态的，即便在印刷时代已诞生了许多被视为"不可超越"的版本，仍然不断有新形式出现。而网络时代更是如此，网民以极大热情积极参与，创造了网络《红楼梦》蔚为大观的成果。虽然民众的解读和同人创作多半随意，却在无形中应和了其他媒体的热门观点。

　　网络传播多中心、消解话语权威的特点与《红楼梦》本身也十分契合。网民具有强大的信息接受和包容能力。他们认可红学专家、意见领袖的专业学术观点，赞美明星艺术家塑造的人物角色；同时又以民众的智慧和普通人的视点对经典和偶像进行戏仿、解构、重建。他们的行动，颇可以看作是 20 世纪 60 年代出现的"接受理论"的鲜活注解。这一理论认为作品中存在着一种"召唤结构"，需要读者建构完成，没有读者参与的作品不过是"半成品"，其代表人物是德国美学家尧斯和伊瑟尔。这种肯定读者能动性的观点在理论界广受推崇，但问题是并没有出现与之相符的足够的论据。在印刷传播中，虽然"一千个读者心中有一千个哈姆雷特"，但读者没有渠道将他们心中的个性的哈姆雷特表现出来，因此只能处于失语处境。而互联网上对《红楼梦》争相建言，积极介入的盛况，是网民以行动在否认以往将读者视作单纯接受者的看法，他们为接受理论提供了强有力的回应。网络作品创作与阅读基本同步、修改与传播同时进行，《红楼梦》变成网民在传播中生产的一个多中心动态对象。这种动态性包容了《红楼梦》中模糊、不确定的部分，而这能够使《红楼梦》的辐射范围越发扩大。

　　网络以跨越地域时间限制的媒介特性，将受众依据共同爱好联系起来，构成形态松散又联系紧密的趣缘群体。围绕《红楼梦》这个原点，出现了情感丰富、话题活跃、囊括当下生活的"网络红楼"。我们说互联网打破媒介垄断、促进话语平权，正是指这个领域内永远不会寂然无声。即便是缺乏足够口才或媒介技术的普通网民，也可以在网上、在讨论里、在弹幕中，成为意见的表达者和传播者，将自己或庄或谐的微话语，纳入《红楼梦》这一经典严肃的大主题。

　　作为文学经典的《红楼梦》自身带有超越时代的魅力，流传数百年后，已成为公众认知度颇高的文化主题。在网络时代，它跨越媒介边界，超越文本范畴，转变为具有活力的当代话题，活跃在掺杂着感性和理性的讨论和再创作中，参与并见证当代青年运用传统元素建构网络文化的过程。《红楼梦》已然因其丰富性和包容性，吸引不同媒介对其进行再创作，将《红楼梦》由一部文学作品打造为一个凝聚着传统文化记忆的文化主题。在这个主题之下，不同艺术门类的《红楼梦》绽放出各自独特的光彩。它们一方面得益于多样的媒介，不同媒介各显其能，挖掘并彰显适合原作自身的媒介特色；另一方面也离不开涵盖生活、情感、世相与权谋的《红楼梦》自身，正是文本激发强烈代入感的特质，使不同人都能从自身境遇出发，展开感同身受的联想和解读。网络文学就是大众的创作，同人小说更是以续写或改写形式体现出的读者意见。因此，越是受网民欢迎的红楼同人创作，其主题越是带有浓浓的通俗化言情色彩。

正如哈罗德·布鲁姆所说："一部文学作品能够赢得经典地位的原创性标志是某种陌生性，这种特性要么不可能完全被我们同化，要么有可能成为一种既定的习性而使我们熟视无睹。"① 对于第二种可能，布鲁姆以莎士比亚为例，如果他熟悉《红楼梦》，定可从中获得绝佳的东方例证。红楼人物形象已脱离文学语境而深入日常生活，"林妹妹""凤姐儿"成为人人都可自如使用的词语；连"潇湘妃子"这样较为生僻的典故，也作为广东俚语"抵冷贪潇湘"的一部分，用来戏谑那些为显苗条而衣着单薄的女孩子。正是这种与日常生活的无缝衔接，使作为文化元素的"红楼梦"让当代人备感亲切，但也正因如此，部分文化水平和理解力较低的读者在阅读原著时会感觉不适应。

随着时代变迁，作品诞生的语境、历史背景渐渐远去，而媒介的更替更会带来语言、习惯、表达方式的改变。在媒介转型、文化变迁的大环境中，伟大的作品不可能是封闭的，它必然会具有新的面貌，生成新的形式。《红楼梦》绝不能仅仅作为观望、研究的对象向后人孤立地展示古代文学成果，更要迎接新媒体，介入新传播过程，拥抱新的受众，参与新

---

① 哈罗德·布鲁姆：《西方正典》，江宁康译，译林出版社 2005 年版，第 3 页。

的媒介内容，担负起文化传承的重任。

　　作为一部成书于二百多年前的古代文学作品，深刻庞杂、意义含蓄的《红楼梦》为什么能成为追求碎片化、浅阅读的网络时代的流行读物，并被广大差异化受众选作文字、绘画和视频等的再创作主题？这离不开作品本身丰富包容的魅力，但在它保存、流传、承袭和典型化的过程中，传播媒介也积极参与了对这部作品的重构。通过追溯《红楼梦》的传播历程，可以看到传统文学经典在不同媒介时代传承与传播过程中的样貌。新媒介为我国优秀传统文化提供了保存、复制、传播和展示的前所未有的便利条件，它极大地推动了传统文化精品的传播和传承，将其拓展、改造、转型，直至成为渗透国民集体记忆的文化情结。

研讨专题

　　1. 新媒体在哪些方面令传统文化精品焕发更大魅力？

　　2. 印刷媒介对于《红楼梦》等古代小说的传播有何意义？

　　3. 互联网在传统文化经典的继承、传播和拓展创新中发挥了怎样的作用？

　　4. 在网络差异化、个性化言论中，"红楼同人"的主题为何呈现高度一致性？

　　5. 弹幕和自制视频运用了哪些独特的媒介表达策略？

6.传统文化经典跨媒介转型的意义在哪里?

拓展研读

1.哈罗德·布鲁姆:《西方正典》,江宁康译,译林出版社 2005 年版。

2.马歇尔·麦克卢汉:《理解媒介——论人的延伸》,何道宽译,商务印书馆 2000 年版。

3.商伟:《文人的时代及其终结(1723—1840)》,孙康宜、宇文所安主编:《剑桥中国文学史 下卷 1375—1949》,刘倩等译,生活·读书·新知三联书店 2013 年版。